〔日〕松岡榮志　著

私と中国40年

外文出版社

2019年初版発行

ISBN 978-7-119-11758-4

外文出版社有限責任公司出版
中国北京百万荘大街24号
〒100037
http://www.flp.com.cn
中国国際図書貿易総公司発行
中国北京車公荘西路35号
〒100044
北京P.O.Box399
中華人民共和国にて印刷

まえがき

40年の歳月。

人は年齢を重ね、記録はやがて「記憶」となり、しだいに美しい「思い出」となっていきます。

中国をはじめて旅したのは、1978年。ちょうど40年前のこと。出会う景色、触れあう人々、何もかもが珍しく、新鮮でした。お茶を飲み、汽車に乗り、そして大型バスに揺られて、香港を抜け、深圳の小さな橋を渡り、広州、上海、南昌、長沙、そして毛主席の故居のある韶山をめざしました。

その8年後の1986年、北京に家族で暮らすことになりました。住所は、世界中からやって来た外国人専門家が住む、北京友誼賓館の東南区8334室。3人の子供のうち上の2人は、現地の普通の中国人小学校に通いました。私の方は、北京外国語学院（現在の北京外国語大学）に置かれた北京日本学研究センターの兼任教授。中国全土から選ばれた、若手の大学日本語教員の諸君に、翻訳や日中言語対照研究の授業を行い、家では毎週

1 回、研究ゼミを開きました。その頃、ゼミに通っていたある学生は、家内が毎回用意した紅茶とケーキが、無上の楽しみだったと、30 年たった今でもなつかしく思い出してくれます。

2007 年には、再び北京友誼賓館に住むことに。20 年前に教えた北京日本学研究センターの主任教授の仕事です。今度は、子供たちも成長して、家内と二人きりで、友誼賓館の西南区に住みました。日々は静かに、ゆっくりと過ぎていきます。ほとんど授業もなく、毎日、主任教授室の机の前に座り、書類にサインをし、時々打ち合わせをして、ぼんやりと帰りの時間を待ちます。残念ながら学生とのふれ合いは、20 年前に比べてほとんどありませんでした。

こうして、いつしか 40 年の歳月が過ぎました。もちろん、その間に、東京学芸大学や朝日カルチャーセンターの諸君と毎年、中国各地に研修旅行に出かけ、また家族や友人たちとも名所旧跡をめぐりました。その折々に、出版社に請われて短いエッセイを書き綴り、それらをまとめて 20 年前に、『北京の街角で』という小エッセイ集を刊行しました。

本書では、その中から中国に触れたものを選び、さらにそれ以前の旅行記、最近のエッセイなどを加えて一冊としました。そのため、文体も少し混じっていますが、できるだけ当時の雰囲気や気分を残すために、最小限の調整に止めました。もちろん、これらは一外国人教師、一外国人旅行者の目に触れた小さな出来事の、断片的な記録にすぎません。ただ、これらの思い出が読者の皆さんの目に留まり、皆さん自身の「記憶」が静かに動き出してくれるといいな、と願っています。

　思い出は、いつもなつかしく、美しい。そして、少しだけ哀しいのは何故でしょうね。

作者

2018年7月6日

北京師範大学京師大廈にて

目次

私と中国40年

| 第一章 |

北京の街角を歩きながら

街角をぶらぶらと

北京市新街口外大街（ペイチン シ シンジエコウワイ ター ジエ）。

北京師範大学の東門に沿ったこの大通りは、存外にぎやかだ。この10数年は、この大学の構内の東南にある、この京師大廈（ホテル）に泊まることが多い。今回の出張も、そうだ。用事の合間には、いつも近隣をぶらぶらして、ちょっとした買い物をすることにしている。

今日の午後も、先ほどからホテルを出て、ぶらぶら歩きだした。

交差点にて――タクシーの今昔

車の騒音、空気の汚れ、交差点の雑踏は、相変わらずだ。

――おっと、危ない。

横断歩道の端に、ぼんやり立っていると、ブレーキの音もせずに、目の前を勢いよく乗用車がすり抜けていく。ここでは、歩行者より自動車が優先。それから、信号は赤でも、右折が許されている。これは、ずいぶん前から少しも変わらない。そして、歩行者は信号にあまり頼らずに、おおむね自己責任で道を渡っていく。とにかく、自動車がいない時に渡れば、とりあえず身の安全は確保されるからだ。

たしかに、15年ほど前、SARS（中国語では、「非典」）の大流行を境に、急激に自家用車が増えた。それとともに、自転車やトロリー電車がめっきりと減った。もっとも、最近では、電気自転車が奨励されて、街角を疾駆していて、ヒヤリとする場面がよく見られるが。

1970年代から80年代は、自動車も少なく、自転車と乗り合いバスが、庶民の足がわり。タクシーは80年代の半ばになって、大きなホテルに専用の「車隊（タクシー・チーム）」が配置された。私たちが家族で住んだ1986年には、ホテルの友誼賓館にもようやく「車隊」ができ、真新しい日本製の日産セドリックが10台ばかり配車された。めったに乗るチャンスはなかったのだが、しばらくしてそれに初めて乗った時、車内の奇

前門冬景・北京・1986

妙なようすに気づいた。新車なのに、ドアの内側のいくつかの部品やタバコの火をつけるライターの中身がないのだ。

——師傅（シーフ）（運転手さん）、これ新車なのに、どうして部品がいくつか無いの？

——ああ、それかい。もし誰かが黙って持って行っちゃったら、代わりの部品がないからね。はじめから、取ってあるんだ。大丈夫、ちゃんと走るから。

ホテルの正門の脇には、「調度室」があり、配車はもっぱらそこでやっていた。そこは、運転手さんたちの休憩所も兼ねていて、いつも何人かが出車待ちをしていた。私たちは、その「調度（配車する）」と言うことばが気になって、時々首をかしげた。日本語では、どう見ても「調度品」の「調度」としか使えないからだ。ただ、しばらくしてタクシーの数が

夜の北京（2018 年）

急速に増え、日本のように外を流すようになると、いつしか調度室もこわされ、その看板も見えなくなってしまった。

それから時を経て、久しぶりに友誼賓館に泊まることになった。ちょっとした用事があり、琉璃厰(リューリチャン)に出かけなければならない。ホテルの庭で、たまたま通りかかったタクシーを止めると、何とあのなつかしい友誼賓館専属タクシーの車だった。

——師傅、なつかしいな。これって、昔乗ったことがあるような気がする。

——そうさ、これは昔からの車だよ。

——でも、あなたはずいぶん若いよね。

——そりゃー、そうだよ。これは、もともとボクの親父が乗っていたのさ。

車は元のまま、でも運転手さんはちゃんと「接班(引き継ぎ)」をしていたのだ。

——この日本の車、すごいよ。走り始めてから、もう何十万キロも走っているけど、一度も故障した事がないんだ。

——君のお親父さんも、きっと大事に乗っていたんだね。

感心しながら、ふと車内を見回すと、ドアの部品も、タバコのライターも、ちゃんと元通りになっている。誇りをもって、日々心をこめて乗客を乗せつづけてきたシートには、真っ白いレースのカバーがきちんとかかっていた。

それから10年。今では、こうした古き良きタクシーも、すっかり姿を消し、黄色と緑に塗られた味気ないタクシーが街中にあふれている。今や北京の街角には自家用車があふれ、いつでもどこでも「堵車（渋滞）」が日常茶飯事になってしまった。

割れない月餅

さて、横断歩道を渡り、少し北に歩くと、「慶豊包子舗」の看板。ホカホカの肉まんが、良い香りを漂わせている。そこをさらに歩いて行くと、「稲香村」の看板。

この食品やお菓子の老舗には、生活の喜びが満ち満ちている。ハム、ソーセージなどの肉製品、クルミやマツの実などのドライフルーツ、各種のお菓子、ヨーグルトや牛乳など、野菜や鮮魚を除けば、日々の食料品は何でも揃う。とくに、中秋の時節になると、「月餅」が飛ぶように売れる。今や「広式（広東風）」、「蘇式（蘇州風）」など、南方のしっとりした、小型の月餅が大人気である。デザインも工夫された、おしゃれな外箱に入れられ、堅くならないように、個別包装でパッケージされている。

1986年8月、友誼賓館に住み始めると、まもなく友人や学生たちが、月餅を手に遊びにやってきた。大きさは、小型のピザくらいある皿形の月餅だ。どれもが堅い。ただでさえ北京の気候は乾燥しているのに、紙でざっくり包んだ月餅は、日に日に堅くなる。

ある日、娘たちが遊んでいて、月餅を一枚、部屋の堅い床に落としたが、「カツーン」と高い響きをたて、割れずに跳ね返った。書斎の棚に積んでおいた月餅の数は、日増しに増え、とうとう10数枚になった。試しに一枚、包丁を入れようとしたが、まったく歯が立たない。文字通り「カチン、コチン」なのだ。仕方がないので、台所の棚に積んでおくことにした。

——月餅、ずいぶん貯まりましたね。

毎日掃除に来てくれる服務員のWさんが、台所のあちこちを拭きながら、ニコニコと話しかけてくる。

——いやあ、これは困っちゃってね。

——ええっ、どうしてですか？こんなにもらえて、うらやましいですよ。

——じゃあ、もらってくれないかな。捨てるわけにはいかないし。

Wさんは、少しびっくりした顔つきになり、

——いいんですか。では、一ついただきます。

——いや、全部もらってくれないかな。仲間で分けてもらってもいいし。

こんどは、いぶかしげな表情で、

——どうして、みなさんで召し上がらないんですか？

——こんな堅くっちゃ、無理だよ。

その翌日。Wさんがやって来たので、さっそく家内が呼び止

めて、

——ねえねえ、Wさん。月餅、大丈夫だった？

——ええ、とても美味しかったですよ。

——どうやって食べたの？

——蒸すんです。そうすると、とても軟らかになって美味しいんです。

——なーるほど、そうだったの。蒸せばいいんだ……

結局、その年の月餅は私たちの口には入らず、中秋は静かに過ぎて行った。

人民元の大変動

その稲香村の手前には、現在工事中で、足場や網状の防護布に包まれた中国銀行がある。北京師範大学に留学した、外国人留学生がいつもお世話になっている銀行だ。人民元を発行しているのは、中国人民銀行。主に為替や外国との取引をしていたのが、この中国銀行で、日本で言えば、もとの東京銀行（現在は、三菱東京 UFJ 銀行）のようなものだと思えばいい。

やはり 86 年に北京に住んだ時、日本からの振り込みを受け取るため、銀行口座を作った方が良いと言われ、友誼賓館からずいぶん離れた北京語言学院（現在の北京語言大学）まで、学

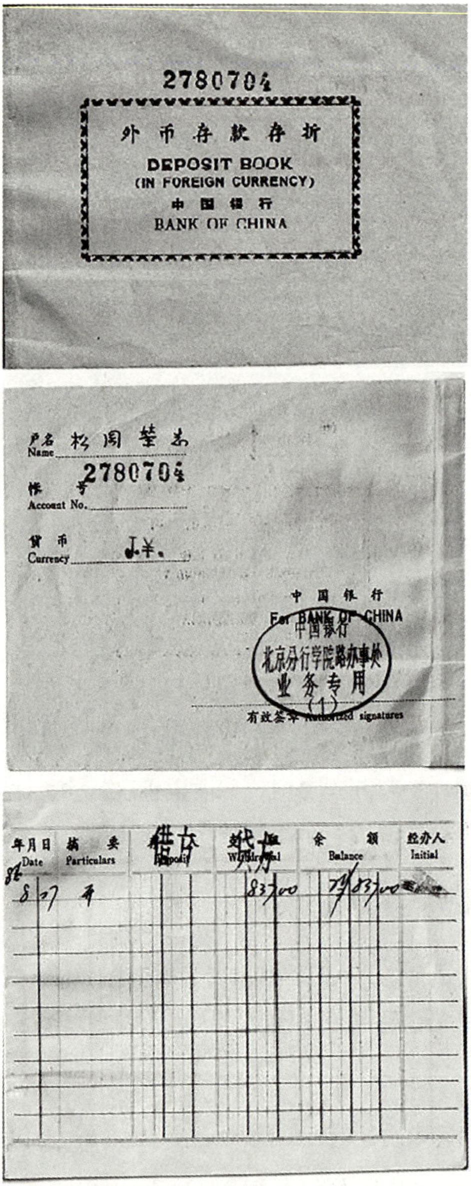
2780704
外币存款存折
DEPOSIT BOOK
(IN FOREIGN CURRENCY)
中国银行
BANK OF CHINA
户名 Name
帐号 Account No.
货币 Currency
中国银行
For BANK OF CHINA
中国银行
北京分行学院路办事处
业务专用
(1)
有效签字 Authorized signatures
年月日 Date
摘要 Particulars
Deposit
Withdrawal
余额 Balance
经办人 Initial

中国銀行通帳・1978

校の車で行くことにした。すでに、一年早く北京に来ていた事務係のO氏に付き添われ、「上海」牌の専用車で、わざわざ出かけていった。

ところで、現在は人民元1元が、おおよそ16～17円で推移しているが、1978年に初めて中国の土を踏んだ当時は、1元が160円だった。現在のおよそ10倍だ。（もちろん米ドルも、1ドル360円だった。）香港から入境して、広州に着いて両替すると、1万円が65元にしかならなかった。しかしその頃の1元にはなかなか価値があり、10元札は一番大きな金額の紙幣で、大金だった。

1986年に北京に赴任した際には、この為替ルートに激変があった。赴任についての事前打ち合わせは、前年の85年の秋にあったのだが、その頃には1元がすでに90円になっていた。その半年後、8月に赴任すると、1元60円になり、あっという間に1元30円になってしまった。それに連動して、日本政府からの手当も一気に半分以下になってしまった。

日本では、その頃バブル時代の到来で、86年に3000万円台だったマンションが、翌年帰国すると1億円近くに跳ね上がっていた。まさに、狂乱の時代だったのだ翌年8月の帰国の数日前、勤め先の中国側副主任のCさんが、ひょっこり友誼賓館の我が家にやって来た。彼は、懐の中からおもむろに茶封筒を差し出すと、

——松岡老師、これを確認してください。

——ええっ、何ですか？

——実は、うちの大学からもあなたに手当が出ていました。

——でも、日本からも毎月もらっていましたよ。

——これは、規定ですから。毎月200元で、12ヶ月分2400元あります。どうぞ受け取って下さい。

言われたままに封筒の中身を数えると、人民元の10元札が240枚。私たちはあと数日で帰国しなければならないので、これは困った事態になった。その頃、私たち外国人は、買い物には「外滙券（外貨券）」という特別なお札を使わなければならず、人民元では普通の買い物はできなかったからだ。

仕方がないので、翌日琉璃廠の書店街に行き、その頃刊行が始まったばかりの『漢語大字典』、『漢語大詞典』、『大百科全書』などの大型シリーズをありったけ予約。それでも、1000元には満たず、残りは仕方がないので、そのまま持ち帰ることになった。

さて、最初に作った人民銀行の口座はどうかといえば、結局その後一度も使わず、小さな預金通帳は今も書斎の引き出しにひっそりと眠っている。

風邪のクスリ

秋から冬になると、北京は乾燥がひどい。

外は毎日寒い日が続くが、たいていはカラリと晴れていて、気分がいい。部屋の中では暖房が効いていて、なかなか快適だ。だが、そのせいで更に乾燥してのどをやられ、風邪をひく。

今しがた、稲香村をのぞいた後、そのとなりの薬局の前で、ちょっと立ち止まってみた。ここは、少し思案のしどころである。というのは、風邪薬を買わなければならないのだが、「銀翹解毒片」にするか「同仁堂感冒清熱顆粒」、はたまた「板藍根（バンランケン）」にするか、すこし悩ましい。

86年に家族で友誼賓館にいた頃は、乾燥していたせいで、子供たちがよく風邪をひき、「銀翹解毒片」（我が家では「インチャオ」と呼んだ）のお世話になった。それと、のどをやられた時には、「川貝蛇胆液」、「枇杷膏」にも助けられた。賓館の中にある小売部で、そうした常備薬を各種取りそろえて売っていた。賓館の中には、銀行、プール、レストラン、診療所など何でも揃っていて、その中だけで生活することができた。外国人が長期に生活するホテルは、ほぼここに限られていて、世界各地から来た専門家たちが、家族で住んでいた。

さて、86年12月31日の大晦日。中国では、お正月は旧暦の春節を過ごすので、陽暦の年末は静かである。我が家では、東京で過ごすように、年越しのまねごとでもしようということになり、台所の粗末なガス台に中華鍋を乗せて湯を沸かした。それに、乾麺を入れてフタをしたところ、一気に吹いてお湯がどっとあふれた。あわててフタを取ろうとすると、鍋がザブーンとひっくり返る。

——熱っ、熱い、熱いっ。

両足に煮え湯がかかって、真っ赤に。

——おとうさん、だいじょうぶ？早く冷やして。

水道水にしばらく晒したが、真っ赤な足の表面は、みるみるうちに水疱がプツプツと。仕方がないので、外は零下の夜中というのに、裸足に草履ばきで賓館の中の診療所へと向かう。

急診の受付をすませ、診察室に入ると、女医さんがあくびをしながら奥から出て来る。白衣の上のボタンは、はずれたままだ。

——（あくびを押し殺しながら）どうしました？

——（両足を前に上げて）さっきお湯をあびて、火傷をしたんですが。

——油？お湯？

——お湯ですが、麺をゆでたので高温です。

——どれどれ？ふむ、ふむ。

女医さんは、ざっと眺めると、綿棒に紫色の液体をつけて、足の甲一面に塗りたくる。日本では一度も見た事のないものだ。とくにしみたりしないし、痛くもない。

——大夫（タイフ）、何ですか、これは？

——紫薬（ズーヤオ）（紫チンキ）。

この「紫薬」、中国ではよく使われていて、切り傷、火傷、何にでも効くらしい。私たちの子供の頃は、こんな場合には、よく「赤チン」を塗った。たいていの傷は、「赤チン」と「メンタム（メンソレータム）」で治った。いや、それで治した。他に、薬はなく、医者にかかるのは高額で、ぜいたくだったからだ。

——これでいいわよ。また、2、3 日したら来てください。

右足を引きずりながら、2 ブロック（300 メートル）ほど離れた部屋まで帰って行く。少し安心したせいか、今度は寒さがひどくこたえ、部屋に戻るとそのまま寝込んでしまった。翌朝、インチャオを飲んで、また眠り続け、とんだ「寝正月」になった。足の火傷はどうかといえば、その「紫薬」がよく効いたとみえ、1 週間後にはすっかりよくなった。

除夜の街で

通りの東側の薬局を出て、そのまま北に歩いて行くと三環路に出る。

大きな交差点だ。86 年の頃は、まだ二環路と三環路しかなかったように思う。調べてみると、四環路はどうやら 2000 年前後に開通したらしい。三環路の開通も、80 年代の初め頃だ。とはいっても、当時は普通の道路で、現在のような高架道になったのは、2007 年頃らしい。その年の 4 月、私は再び北京日本学研究センターの日本側主任教授として北京に赴任した。その頃、翌年に開催されるオリンピックに向けて、最後の突貫工事が始まっていた。また、高架道も、出来上がった途中まで開通していたが、先のあたりで切れていて、ひやりとした事がある。

その20年前、87年の除夕（旧暦の大晦日）のこと。思いがけず、息子と娘のピアノの先生のお宅で、年越しをする事になった。先生のお宅は、北京の東側にあり、かなりの距離である。そこで、賓館にできたばかりのタクシーを頼むことにした。午後から夜まで、1台「包車（貸し切り）」である。

調度室のところで待っていたのは、50代のベテラン師傅（シーフ）（運転手さん）。ニコニコとドアを開けてくれ、私は前の座席、家内と子供3人は後ろの座席に座る。午後4時くらいでも、かなり暗い冬の道を、車は静かにひた走る。あたりは灯りもまばらで、ほとんど人通りがない。

先生のお宅につくと、待っていたのは先生ご自慢の上海料理。ご主人は中央楽団（中国最高のオーケストラ）のコンサートマスターだが、今夜はいつものビオラの弓のかわりに、エプロンをして、料理をせっせと運ぶ係だ。前菜から始まって、最後の料理まで、フルコース。にぎやかに、和やかに夜は更けていき、最後はデザートの「八宝飯（パーパオファン）」。餅米をふかしたものに、ドライフルーツがふんだんに練り込まれ、上から甘い蜜がかけてある。

——さあ、みなさん、召し上がれ。

——……。

先ほどまでの美味しい料理の数々に、もうお腹がいっぱい。子供たちは目を白黒している。私たち夫婦も、のどのあたりまで料理がつっかえているのだが、仕方がないので、私が代表して、ちょっとだけいただくことにする。

——松岡老師（ソンカンラオシー）、如何ですか？

——ええ、と、とても、おいしいです、とても。（家内に）おまえも、どう？

——ええっ、わたし？だめ、本当にもう、だめ。ごめんなさい。

しばらくの沈黙。すると、先生はそのようすを察して、ニコニコしながら、

——そうね、残りはお土産に持って帰って下さい、ね。

——は、はいっ。それでは、そろそろお暇（いとま）します。

暗い明かりを頼りに、アパートの下まで降りると、待ちかねたタクシーがさっと扉を開けてくれる。私たちを乗せた車は、ライトをつけて、暗闇の中をひた走る。走っても、走っても、対向車が来ない。

——師傅、ちっとも車が走っていないね。

——……。

運転手は、押し黙ったまま。やがて賓館が近づいて来ると、ぽつりと言った。

——こんな夜は、大晦日の夜は、みんな家で家族と楽しく過ごすんだ。実は、若い連中がかわいそうだから、今日は仕事を代わってやったけれどね。わしも、あなたたちを送ったら、そのまま家に帰るんだよ。

まもなく賓館に着くと、いつもより多めに車代を払い、彼の車を見送った。彼は、ニコニコしながら、ドアのガラスをちょっと開け、

——祝你们过年好（良い年越しを）！

とこちらに声をかけた。

すると、空から白いものがチラチラと舞い降りてきた。娘たちが、空を指差して叫ぶ、

——お父さん、雪！ほら、雪、雪！

翌朝、窓をあけると、庭中がすっかり白く雪化粧をまとっている。自転車のサドルにも、クルミの枝にも、そしてベンチの上にも、白い雪がふり積もって、朝の光りにきらきらと輝いていた。

公衆トイレ——泰山の夜

薬局の外に出ると、外もだいぶ冷えてきた。

三環路の向こうには行かず、その前を横切り、横断歩道を渡

って、また北京師範大学の東門にもどる事にした。小さな店舗が並んだあたりを過ぎると、道ばたに石段があり、その上には「公厠（公衆トイレ）」があった。左が男性用、右が女性用。日本と逆なので、あやうく女性用に足が向きそうになる。

北京のトイレは、近年ずいぶんときれいになった。一時期、北京の街中の一部のトイレが有料になった事があるが、最近はそれもあまり聞かない。しかし道ばたの公衆トイレでも、学校や商店のトイレでも、見違えるようにきれいになったところが多い。そう言えば、1978年の最初の中国旅行を皮切りに、その後ほぼ毎年のように中国各地を旅したが、あちこちのトイレにずいぶんとお世話になった。

農村では、野原のような場所に、深く溝が掘ってあり、その上に一枚の板が渡してあった。ハエがぶんぶんと舞っている中で、溝をまたいで用を足した。

一番印象に残っているのは、1980年代初めに泰山に登った時だ。まだ、ロープウェイは建設中だったので、中天門までバスで行き、そこから石段を、一段一段登っていった。季節は、春まだ早き3月の末。南天門に近づくにつれて、石段のあちこちには残雪のあと。ときどき、遠くに進軍ラッパの音がこだまし、続いて「ドカーン、ドカーン」と発破の爆音。山の向こうからは、こなごなに散った岩の小さな破片がカラカラと乱れ飛んでくる。南天門の真下は、傾斜の急な直登の路になっている。石段も濡れていて、うっかりすると滑り落ちそうでこわい。私たちは石段の片側に身を寄せ、その岩の破片の「空襲」を、しばしやり過ごす。まさか、こんなハードな山登りになるとはつゆ知らず、私も学生たちも至って軽装で、靴も革靴、衣服もちょっとしたハイキングの出で立ちだ。

——先生っ、もうだめです。歩けません。

南天門を間近に見上げて、女子学生が泣きっ面でわめく。

——何言ってるんだ。ほら、南天門はすぐそこだよ。がんばれ、がんばれ。

そう言いながらも、私のほうも背中に汗がじっとり。上の方では、先を争って、すでに南天門にたどりついた男子学生たちが、「おーい、もうすぐだぞー」と叫んだかと思うと、また進軍のラッパの音が、「パアーッ、パッラッララー」と響きわたる。

ほうほうの体で、何とか全員南天門にたどり着き、今夜の宿である雲海山荘へ。その途中には、娘娘（ニャンニャン）廟があるが、文化大革命ですっかりこわされたらしく、ガランとしていて人気（ひとけ）もない。その荒れ果てたようすを横目で見やりながら、何はともあれホテルへと向かう。ホテルといっても、コンクリートの打ち放しの山小屋風で、避難所のような建物だ。暖房設備がないので、寒さ対策にと、フロントでは解放軍の緑の分厚いコートを貸してくれた。部屋は男女で分かれ、2 段ベッドだ。掛け布団はひどく湿気ていて、やけに重い。夕食は、そそくさと済ませると、暗い灯りの部屋で、ベッドにもぐり込む。ともかく寒いのだ。

夜中、ふと尿意をもよおして、コートに丸まりながら、そっと部屋の外に出てみる。たしか、トイレは外にあったはずだ。外は、文字通り灯り一つない真っ暗な闇の中。思わず見上げると、そこには満天の星空が広がっている。今にも星がいくつか、滴って落ちてきそうだ。昨日から雪が降りつづいたので、空が本当に澄みわたっているのだ。

部屋の壁を両手でまさぐりながら、廊下を伝ってトイレへ。入り口付近で、何とか小用をたして、一息ついた。「はあーっ」と白い息を吐き、ぼんやり眼（まなこ）であたりを眺めると、下の方に小さく光るものがずらりと並んでいる。目をこすりながら、よくよく眺めると、何と用便中の人々が、しゃがんでこちらを見すえているのだ。1人、2人、3人、……

いったい何人いるのだろう。一言もことばを発せず、じっとこちらを見ている。思わずぞっとして、凍りつきそうになる。この人たちは、あと数時間後の日の出を見るために、ここで寒さをしのいで、しゃがんだままで待ち続けているらしい。大急ぎでコートの前をかき寄せると、あたふたと部屋に駆け込んだ。そのまま、翌朝は日の出を拝むこともなく、朝食まで眠りこけた。

さて下山は、上りよりはるかに苛酷で、膝がガクガク「笑って」しまい、石段を踏みはずしそうになる。それでも、ボツボツ降りていくと、下から大きな荷物をかついだ若者が、身体中から白い蒸気を発しながら、登ってくる。頂上のホテルで使う飲料水や食品などを、ふもとの街から、担ぎ上げているのだ。石段は、なんと7200段あるのだとか。

彼は、私たちが小休憩を取っている脇に、数十キロもありそうな荷物を置くと、しきりに汗を拭きはじめた。

——ねえ、君たちは毎日、こんな風に上り下りしているの？

——ああ、1日3回。それ以上やると、死んじまう。

——1回いくらになるんだい？

——1元。いい稼ぎだよ。

小柄で痩せた体つき、サンダル履きで、上半身はランニングシャツ一枚。汗を拭き終えると、また重い荷物を担いで、さっさと石段を登っていく。あっけにとられて、また下の方を眺めると、紅いワンピースを着た若い女性と、その彼氏らしい青年が、今しがた友人の結婚式に出た帰りのような出で立ちで登ってくるのが見えた。われわれは、その姿に度肝を抜かれて、そのアベックがふざけあいながら通り過ぎるのを、呆然と見送った。

「大哥大（ターグータ）」から「手機（ショーチー）」へ

先ほどの公衆トイレから少し歩くと、北京師範大学の東門だ。昔は、小さな入り口だったが、今では堂々たる大ゲートになり、守衛さんもいる。その横は、留学生宿舎で、その1階にはマクドナルドも入っている。学生宿舎といっても、今やホテルなみの設備が整った、11階建ての立派なビルである。

そこを過ぎると、中国移動通信の店舗がある。いつも、学生たちや近隣の客でにぎわっている。「移動」は、もちろん「移動電話」の略。携帯電話は、今では「手機（手机）」と呼ばれているが、かつては「大哥大」、「移動電話」などと呼ばれていた。まだ、手提げカバンのような親機を、肩から革ベルトで下げていた頃のことだ。日本でも、はじめは大型移動電話がハイヤーの後部座席に鎮座し、やがてサイズは次第に小さくなり、とうとう「ケータイ」から「スマホ」になった。中国では、その筋の人や危ない職業の仕事人のもつ「大哥大」、外資系社員がこれ見よがしに使う「移動電話」から、やがて庶民が日々手に取る道具――「手機」になった。

1970年代後半から80年代は、電話は仕事先に数台（もしくは1、2台）しかない、貴重なものだった。80年代初め、王瑶先生にお会いするために北京大学に行った時には、教授の家で専用電話があるのは、「王瑶」、「王力」という、看板教授の2軒のみだといわれた。したがって、どこに連絡するにも、交換手のいる代表電話（「総機」）に掛けるしかなかった。

その頃の中関村一帯の電話の交換機は、1930年代の古いシステムのままとかで、とにかく聞こえが悪かった。そこで、掛ける時には、まずは電話機に向かって、大声で話しかけなければならない。声が小さいと、交換手がすぐに電話を切ってしまうのだ。ある時、北京に留学した学生が、電話が通じないために、自分の語学力に自信を失ったと相談に来たことがあった。そこで言う、

——いいかい、電話機を握ったら、まず大声で怒鳴るんだ。

——ええっ。そんなことしていいんですか？喧嘩だと思われませんか？

——いいからやってみなさい。

数日後、彼はニコニコ顔でやって来て、言った、

——先生、ちゃんと通じました。本当に大丈夫なんですね。

近年の中国で、各家庭の固定電話の普及を飛び越えて、携帯電話が急速に広まったのは、そんなシステム上の問題があったからだとされる。（ちなみに、中国移動公司ができたのは、まさしく2000年4月だから、まだ20年も経っていないのだ。）私の編集した中国語教科書の第5課は、まさしく「打電話（電話を掛ける）」という内容だが、授業でいつも強調したのは、「とにかく大きな声で（怒鳴るように）話しなさい」だった。

喫茶店——コーヒーの香り

さて、もう少し南に歩くと、出だしの交差点にもどる。そこから、少し西に行くと、このところ行きつけのカフェがある。

「彫刻時光」という、コーヒーショップだ。2階にあるのだが、最近その1階の入り口の脇に花屋さんがオープンした。トイレもすっかりきれいになった。

2階に上がると、店内は意外に広く、モダンで明るい。北京師範大学の先生や学生、また近所のビジネスマンなどがよく利用していて、いつもにぎやかだ。

90年代の中頃に、私の研究室で勉強したある学生が、北京に帰り、天壇公園の南でコーヒー専門店を開いた。彼は、数年にわたる日本の生活で、すっかりコーヒー党になり、北京でもいち早く、本格コーヒーの喫茶店をオープンしたのだ。店に行ってみると、何と自家製ビールの製造器（巨大な銅製のポットスチル）も鎮座している。コーヒー豆も、その頃の北京ではお目にかかる事のできない、世界各地の豆が置いてあった。

ただ、ビジネスは人の「半歩」前を行くのが成功の秘訣と言われるが、彼は世に先んじること「10歩」先で、だいぶ早すぎた。まだ、コーヒーの味の違いなどに、北京のほとんどの人は関心がなかったのだ。さらには、喫茶店で時間を過ごすために、ひどく高額な料金を払うなど、まったく得心がいかなかった。今では、中国に2800店舗（北京では324店舗、日本では1180店舗とされる）をもつ「星巴克（スターバックス）」北京第1号店の開店は、どうやら1999年らしいが、私が北京の王府井にある東安市場で「星巴克」を見つけたのは、たぶん2005年頃だったと思う。お客さんは、ほとんど王府井通りを歩く外国人観光客で、たまに田舎からやってきた中国人観光客が、メニューの看板をためつすがめつし、「拿鉄（ラテ)」が 30 元もするのを見て、あきれて文句を言って、そそくさと立ち去った。

先ほどの彼はと言えば、コーヒー専門店で 1、2 年がんばったあげく、主力をピザやスパゲッティなどに換え、欧風カフェとしてもがんばったが、とうとう力尽きて閉店を余儀なくされた。星巴克はと言うと、その後、故宮の中で開店して物議をかもしたりしたが、まるで「燎原の火」のように広まっていった。とくに、2008 年のオリンピック開催以降、街の到るところで見かけるようになった。いまや、カフェは、都会の新文化の象徴である。各地にできた大型モールには、必ずと言っていいほどカフェが 2、3 軒、店を構えている。もちろん、若者客が中心だが、最近では孫をバギーに乗せたおばあちゃんやおじいちゃんも、アイスコーヒー 1 杯で長々と席を占めている。「麦当労（マクドナルド)」、「肯徳基（ケンタッキー)」もカフェも、孫と過ごす格好のオアシスになっているのだ。

写真館——遠い日の記憶

さて、この新街口外大街を捜しても、今やほとんど見当たらないのが、写真館である。

今、私の手元に２枚の白黒写真がある。１枚は、1978年に湖南省韶山の故毛沢東主席の生家を訪ねた時に写した集合写真。もう１枚は、1986年に北京に赴任した時に、一家で撮った証明写真。40年前と30年前に撮ったものだ。

78年の旅では、この集合写真の撮影が、旅の日程の中でも、最高のクライマックスであった。毛主席の生家の前には、専用の撮影スペースが用意されていて、次から次へとやって来る参観団をさばいている。私たち総勢30数名の訪中団は、緊張の面持ちで、乾板写真に収まった。

——大家（みなさーん）。不要動（動かないで）。1、2、3。はーい、好了（オーケー）！

この１枚をながめていると、三脚に載せた大型カメラを構えた、人民服姿のカメラマンの甲高い声が、写真の向こうから遠く響いてくる。この時に参加した何人かの学生は、後に我が国を代表する中国語、中国法、中国思想などの研究者となった。

その後も、ほぼ毎年のように、学生たちと中国各地をめぐる「訪中団」を組織し、30年以上もそれは続いた。各地を旅し、その土地の人々の暮らしに触れ、その土地の空気を吸い、その土地の水を飲むことによって、何よりもみんな中国を大好きになった。そして、80年代半ばから始まった長期留学制度により、中国に住み、やがて中国の研究に志した学生も少なくない。

もう１枚の白黒写真を眺めていると、30年前の日々が、昨日の事のように鮮やかに蘇ってくる。友誼賓館の前にあった双（シュワン）

懐かしい 2 枚の白黒写真

楡樹（ユイシュ）の国営市場。今では、そこには近代的なショッピング・モールができ、日々老若男女でにぎわっているが、かつては近隣でも大きな国営市場の一つだった。

その平屋の市場の端に、小さな写真館があった。窓際には、人民服、人民帽をかぶった若夫婦の白黒写真が何枚か飾ってある。たぶん、結婚登記の際に、記念に撮影した大事な１枚なのだろう。だいぶ古ぼけた入り口の扉を開けると、奥は狭いながらも、ちょっとしたスタジオになっていた。

——你好（こんにちは）！どんな写真が必要かな？

——在留資格証明用の写真を撮ってもらいたいんですが。

——わかりました。こちらへどうぞ。

見るからに気のよさそうなおじさんが、ニコニコしながら手招きで椅子に掛けろという。彼が手慣れた手つきで壁際の照明のスイッチを入れると、あたりが急に明るくなった。言われたままに５人で椅子に腰掛け、年代物の写真機に向かって、ポーズをとる。

——大家（みなさん）、準備好了嗎（用意はいいですか）？

暗がりの中で、私たちはみな緊張の面持ちである。

——不要緊張（緊張しないで）。1、2、3…好了（オーケー）。

2、３日して写真館に行くと、店主はやはりニコニコしながら、「きれいに撮れたよ」と自慢げに写真入りの袋を手渡してくれる。恐る恐る中を開けてみると、小さな画面の中に、くっきりとした家族の肖像が収まっている。目を近づけてよく見ると、一人一人、きれいに修正がしてあり、顔はすべすべ、まるで昔のブロマイド写真のよう。写真館の店主は、現像の後、乾板写真の上からきれいに手を入れ、丁寧にプリントしてくれたのだ。店主の腕前は、撮影半分、修正半分ということになる。

今や、世は携帯電話で「自撮り」をする時代。それをPCで加工すれば、お気に入りの写真ができる。ただ、そこにはもう、あのできあがりを待つドキドキ感は失われてしまったが。

再び横断歩道で

先ほどのカフェで、カプチーノを飲み、外に出ると目の前の学院南路は、もう黄昏時。秋風に身震いするかのように、沿道のポプラは枝を揺らして、葉を落としていく。

宿舎のホテルへの帰路をたどりながら、京師大廈の前の交差点に立つと、目の前をタクシーや乗用車が、次々と通り過ぎて行った。信号が青になり、横断歩道を渡ろうと、一歩踏み出した時、高校生の頃に読んだ文章の一節が、ふと思い浮かんだ。

――ゆく川の流れは絶えずして、しかも、もとの水にはあらず。よどみに浮かぶうたかたは、かつ消えかつ結びて、久しくとどまりたるためしなし。世の中にある人とすみかと、またかくのごとし。(鴨長明『方丈記』)

そうだ、この40年は、まさに「ゆく川の流れに浮かぶうたかた」のように、本業のかたわら、中国に住み、教え、旅して過ごしてきた。これからも、ゆく川の流れに身をまかせて、もう少し流れて行ってみようか。

——プップー、ププー！

たちまち、左右からクラクションのけたたましい音。横断歩道は、やはり危険に満ち満ちている。

なんとか京師大廈の正面玄関にたどりつくと、ほっと肩の力をぬき、一息ついた。そして、ガラスの回転扉を押して中に入り、部屋のある16階に上がるエレベータに向かった。

私と中国40年

第二章

中国への距離——旅の記憶（1978年）

中国への旅について書いてみたい。

わたしをいっそう中国へ近づけたのは、中国への「旅」であった。中国の土、中国の水、中国の大気、そして、そこで生きている人々との接触から得られた体験が、わたしの中で少しずつ熟成し、「経験」として定着し始める時、確実に近づいて来る中国を感じとることができた。

だが、その旅の実際のありようはどうかと言えば、30名前後の団体による2週間前後の駆け足旅行である。“それは単なる「旅行」であって「旅」ではありませんね”という言い方もたしかにできよう。しかし、わたしをも含めてふつうの日本人の中国への旅は、このような団体旅行である。近年の日本人の中国観は、その旅行体験の蓄積によって着実に形成され始めている。

わたしは、ここから語り始めなければならない。

1

1978 年 3 月 10 日、われわれ日中友好かけ橋会訪中団 33 名を乗せたルフトハンザ 641 便は、かなり激しい雨の中を、香港に向かって飛び立った。滑走路は、たっぷりと水につかり、機体の移動につれて、おびただしい量の水滴をはねあげている。かなり長い滑走の後、DC-10 はゆったりと地上を離れ、機首をもち上げながら上昇を始めた。窓の外は、雲、雲、雲。

香港の空港に到着したのは、夕方 8 時半。羽田を離陸して、ちょうど 4 時間と 30 分の後である。着陸の際に、「ボーン」と

香港（1978 年）

音がして機体が一回バウンドしたが、それは悪天候のために揺れに揺れたこの飛行をしめくくるかのようであった。わたしたちは、ともかくも無事に地上に降り立ったことを感謝した。

香港の一昼夜は、緊張、緊張の連続であった。ホテルは、日本人団体客専用の感があるミラマーホテル。部屋に入るとすぐさま、トラブル発生。女性団員が、激しいノックとともに我々（添乗員M氏とわたし）の部屋に飛び込んでくる。

「ボーイが、チップをよこせと言って出て行かないんですが、どうしたらいいですか」

「チップは、さっきまとめて旅行社の人にわたしましたから、知らん顔していればいいですよ」

「そんなこと言ったって、ヘンな目つきでジロジロ見ていて気持ち悪いんです」

「……」

困ってM氏の方に目をやると、M氏も「こればっかりはね」という表情。

「じゃあ、仕方ないから50円でも100円でもいいから、手わたして帰しなさい」

しばらくすると、もどってきて、

「百円玉を出したら、ひったくるようにして出ていきました」

「そう……」

翌朝は、バイキング式の朝食である。天井から壁、扉にいたるまで装飾過多の大食堂で、横一列に並んで順番を待つ。やがて、緊張と興奮につつまれた、にぎやかな朝食が始まる。話題はもっぱら、昨夜のチップ事件である。例外なくどの部屋も、トラブルがあったようだ。中には、あくまでも知らぬふりをして撃退したという猛者もいた。

香港は、わたしたちにとって、中国大陸という憧憬（あこがれ）の「聖地」に入るために通過しなければならない「恐ろしい土地」であった。我々の姿は、中国という「革命の聖地」へおもむく巡礼の隊列に見えただろうか。とにかく、何も見ないで早く駆けぬけてしまいたい、そんな気持ちにせき立てられていた。

食事がひとわたりすむと、お茶を飲みながらのおしゃべりが始まる。すると、

「ねえねえ、細かいお金、もってる」

食堂のわきにある化粧室（トイレ）から出て来た一人が、同室の団員を大きな声で呼んだ。

「あるわよ、なんで？」

食堂でどうしてお金が必要なの、といういぶかしげな顔をして、財布をとり出す。

「立ってるのよ、何人も」

「ええっ。何が？」

「来てみればわかるわよ」

そのことばに連れられて、2、3 人が席を立つ。

「おどろいたわね。チップ払わないとだめなのよ」

「おばあさんと、中年の女の人がこっちをじっと見てて、手

を洗い終わったなとみると、サッとタオルを出してくれるんだけど、チップを出さないと、こわい顔をして外へ出してくれないんだから」

二度目のチップ事件で、香港に対する嫌悪は決定的になった。チップのいらない中国大陸、どろぼうのいない中国大陸へ行きたい、早く行きたい、そんな気持ちにせき立てられ、ついに行きも帰りも香港を見ずに通り過ぎてしまった。しかし、それでよかったのだろうか——。

わたしたちは、なんのために旅に出たのだろうか。わたしたちは、自分が前もってなぞった線描画（デッサン）に、好みの色をつけるためだけに空を飛んだのか。わたしたちは、香港の中に中国大陸を見ることができるし、中国大陸の中に香港を見出すことも可能である。にもかかわらず、香港の人々も、その生活をも見ることなしに、むしろ見ようともせずに、九龍（チューロン）駅から広州（グワンチョー）へと向かった。

2

香港の市街地から、新しく建てられたアパート群の立ち並ぶ郊外を抜け、電車は休み休み進んでいく。九龍—羅湖（ルオフー）間、一等車で3ドル80セント（香港ドル）、我々の列車は冷房車（3月だというのに）なので1ドル増しである。羅湖で下車、荷物をすべて手にもって、アーチ式屋根の木橋を渡る。緊張の一瞬。

橋の向こう側でわたしたちを迎えていたのは、厳しい表情をした中国人民解放軍の兵士たちであった。3 列に並んで手続きを終え、深圳駅の構内へと向かう。2 階の大広間に荷物を置き、広州の通訳兼世話係（陪同（ペイトン））のＬ氏とあいさつ。広州行きの列車の発車には少し時間があるとのことで、解散。ベランダへ出て、外の様子を眺める。どこにでもありそうな、ゆったりとした農村風景。しばらくすると、人々を乗せた乗合タクシーがやってきた。ダイハツ・ミゼットの荷台に幌をつけたような、なつかしい姿である。団員は、しきりにカメラのシャッターを押していたが、わたしはその群から一人だけ抜け出すと、テープレコーダを手にぶらさげて、下の階に降りていった。

1 階を通り、もう一つ下の階の扉を押すと、そこはさまざまな騒音の入り混じった、濃厚なにおいをもつ場所であった。2 階のベランダの明るい陽差しに慣れた眼にとって、まるで深い井戸の底である。遠くの小さな光を頼りに、足場を確かめながら進んでいくと、その暗がりの中を、天秤棒をかついだり、子供を抱きかかえたりして行き交う多くの人々の輪郭が少しずつ浮かんでくる。そして、フロアの中ほどまで来ると、駅の本体が、実はこの階であることがわかる。我々が休んでいる 2 階は、その屋上に架された特別応接室であった。目が暗がりになれるにしたがって、まわりを行き交う人の数がどんどん増えていく。その数の多さ。香港から広州へ、広州から香港へと、この駅と、あの一本の橋を唯一の頼りとして人々は行き交う。その向こう側とこちら側で、どれほどの人々が喜び、怒り、悲しみに涙を落としたことか。

刺すような、緊迫した視線を感じて思わずふりかえると、自分がいつのまにか売店の前で、ただつっ立っていることに気づいた。何人かの旅客が、この不意の闖入者をじっと見つめている。その痛いような視線に耐えきれず、煙草やキャンディが無雑作に並べてある棚を見やりながら、ゆっくりとその場を離れていく。反射的に一条明るい光が差し込むあたりに近づいていくと、そこは貨車が何台も並んだ、まぶしく明るいホームであった。

やがて、広州行きの客車の到着が伝えられると、我々は、駅舎の脇にある階段を降りて、直接プラットフォームに向かう。階段の途中で、Ｌ氏に向かって、

「この下が、本当の駅なんですね」とささやくと、

「はい、駅です」と明るく、力強い答えが返ってくる。

「上はずいぶん立派ですね」と応じると、

「ええ……」

「さっき、ちょっと下へ行ってきたんですが、下はずいぶん暗いですね」

「そうですね」

高校まで日本で育ったＬ氏（いやＬ青年）は、「そうですね」を連発する。そして、話はきまって、中国の日々の発展

に移る。

われわれの乗る一等車の前で、また記念撮影が始まる。何しろ、中国の列車なのだ。ちゃんと簡体字で「软座车」[1]と書いてある。男となく、女となく、老いも若きも、みんなはしゃいで写真に収まる。中国旅行第一日。

やがて、列車は静かに動き出す。またもやわたしたちは、その町を見ずに通りすぎてしまった。リクライニングの快適な座席に腰掛けて、乗務員がついでくれるお茶と格闘しながら広州に向かう。その列車の中で、Ｌ氏は団員たちのどんな質問にも、メリハリをつけて正しく答えてくれた。とくに、祖国の発展に話が及ぶたびに、その話しぶりにいっそうの緊張がみなぎる。だが、団員たちを最も喜ばせたのは、お茶の正しい飲み方についてであった。

中国のお茶は、フタ付きのコップで飲む。とくにお客様用のコップにはフタがついている。そのコップに適量の茶の葉を投げ込み、そこにヤカンからお湯をどっと注ぎ、フタをして茶の葉の沈むのを待って飲む。ところが、その時にかぎって、茶の葉がなかなか沈まない。団員たちが茶の葉と格闘していると、Ｌ氏はニヤリと笑い、

1　中国の列車は、「軟座車」（シートがやわらかい一等車）と「硬座車」（シートがかたい二等車）とに大きく分かれる。外国人が乗るのはふつう「軟座車」で、料金も高い。どちらかというとグリーン車といった方が近い。また、夜行寝台ではコンパートメント（「包房」という）がふつう。

「日本の友人のみなさーん」と叫んだ。

「中国では、お茶はこうやって飲むのです。いいですか」と言って立ちあがり、フタをとると、浮かんでいる茶の葉をフッフッと器用に吹いて、ツツーと茶をすすった。誰からともなく「ホーッ」という驚きのため息がもれ、「そうか、そうか」といっせいに茶の葉を吹き始める。しばらくして、茶をすする音に変わったが、こんどは後ろの座席から、

「でも、やっぱりうまくいかなーい。口の中へお茶の葉がいっぱい入るわよ」と声がかかった。するとまた、L氏はさっと立ちあがり、ニコニコしながら、

「みなさん。緑茶の葉は食べられます。口に入ったら食べてしまえばいいのです」と、心を込めて言ったので、団員たちはあっけにとられ、今度はうつむきかげんに茶をすすり始める。座席の灰皿が茶の葉でたちまちいっぱいになる。

このさわぎが一段落すると、横に座っていた団員のM君が、

「先生、さっきから見ていると、高い山や背の高い樹木がほとんどないですね」

「うん。そりゃぁ、Lさんに聞いてみたら」

向学心に燃えたM君は、ツッと席を立つと、さっきから滔々と社会情勢を弁じていたL氏をつかまえ、執拗に食いさがった。

午後3時、定刻どおりに広州に着く。まずは駅舎の正面で記念撮影。全く、記念撮影ばかりしているが、やっぱり記念

撮影したいのである。それから専用バスに乗り込んで、市内見聞。本来はすぐに上海へ飛ぶことになっているのだが、天候の具合で少し遅れるらしい。広州起義烈士陵園[1]で盆栽などを見て、広州空港で、早い夕食。どうやら夕方に飛ぶことになる。

6時30分、我々を乗せたジェット機（トライデント、中国語では「三叉機（サンチャーチー）」）は、北を指して順調に飛び、8時30分に上海虹橋（ホンチャオ）空港に着く。3人の陪同が出迎える。40すぎのインテリS氏。大学を卒業したてのF氏、三つ編みのよく似合うYさんである。

虹橋空港は、上海の市内から西へかなり行った所にあり、夜のハイウェイ（と言っても外灯がほとんどないところが、日本と大きく異なる）を、ときどきヘッドライトを点灯させながら疾駆しても、かなりの時間を要する。運転免許をもつ団員のH君は「うわぁ、こわい、こわい」と叫び続けている。郊外の人民公社から、朝市に並べる野菜を山と積んだリヤカーが、黒い自転車にひかれて前を行く。もちろん、ライトなどつけてはいない。ときどき気まぐれにつくバスのヘッドライトに浮かび上がる姿は、黒い蝸牛の引越しのようであった。

やがて、バスは市内に入る。ガイド書で見たことのある看板や町並みが、オレンジの街路灯にボーッと浮かび上がる。

1　1927年12月の武装蜂起での犠牲者を葬った所。美しい庭園をもつ。この時、春の盆栽・鉢植展が開かれていた。

上海（シャンハイ）。

とうとう上海までやって来た。

3

上海の朝。ホテルのがっちりした窓をあけると、凍えるような朝の空気がしみ込んでくる。灰色の少しモヤった空。昨日の広州は、どちらかと言えば、ただ通過しただけだった。少し雨もようだったが、暖かくも寒くもなかった。それにひきかえ、今朝のこの寒さはいったいどうしたことだ。日本を出る時、「緯度が低くて暖かいから、なるべく薄着で行きなさい」と忠告してくれた何人かの人たちの声が、チラリと耳の奥底でよみがえる。

わたしたちの泊った錦江飯店（ジンジャンファンディエン）（北楼（ベイロウ））のレストラン（中国語で「餐庁（ツァンティン）」という）は、11 階にある。昇り降りは、三越本店風の快速クラシック・エレベーターを使う。時代物の洋画でおなじみの、手動でガチャガチャ開け閉めして、上の階と下の階の中途で止まったりするやつだ。ここのレストランは四川料理が自慢で、上海でも有数のレストランである。

ボタンを押す。エレベータがやってくると、ひょいと飛び乗り、服務員（フーウーユエン）に、「餐庁」と告げれば、ニッコリ笑って 11 階に運んでくれる。それにつられて笑いながら、「謝謝（シィエシィエ）（ありがとう）」と言ってレストランへ向かう。もとフランス租界の総本部であったかというこのホテルは、どこをとっても古き良きヨーロッパの香りが色濃く漂っている。まぎれもなく、上海の中にある外国。

上海少年宮・1978

朝食を終えると、専用バスに乗り込み、上海市少年宮（シャオニェンコン）へと向かう。「少年宮」は日本風に言えば、市や区にある児童館で、放課後や休日にクラブ活動を行うところである。この少年宮は、上海で最も規模が大きい。レベルの最も高い少年少女たちがやって来ると言われる。

バスを降りると、責任者と子供たちの拍手に迎えられる。どの子も、首に赤いネッカチーフを巻いている。見るからに頭がよさそうで、品行方正そのものの顔である。まず応接室へ案内される。例のフタ付きコップで茶をすすりつつ、おおまかな説明を受けた後、参観に入る。小学生のクラブ活動と言っても、レベルが相当に高い。卓球やゲームの仲間に入れてもらっても、まるで相手にならない。はじめはニコニコしながら相手をしてくれるが、すぐに困ったような、こわばった気配が現れ、コーチに無言で助けを求め始める。こちらもその表情に気づき、「そうか、そうか」と照れ笑いを浮かべながら、右手を差し出して、「謝謝」とか「再見《ツァイチェン》（さようなら）」と言いつつ握手を求め、次の部屋へと移っていく。

2 階へ上がる。そこは、音楽や舞踏を中心とする芸術のフロアである。吹奏楽、民族楽器などの札が掛かっている。三つ目に入ったのがピアノの練習室であった。何人かの男女が、思い思いに練習曲らしきものを弾いていたが、私たちの来訪に気づくと、いっせいに椅子から立ち上がり、拍手で迎えてくれる。中年の女性教師が表情で合図を送ると、いちばん年下の少年が、一流ピアニストよろしく胸をはり、椅子にゆっくり腰をすえると小曲を見事に弾いていく。完全に暗譜。

次は、姉妹らしき二少女の連弾である。型どおりのあいさつの後、その白く細いしなやかな指が、ふわりと鍵盤の上に落ちる。前奏。

それは、私たちが日中学院の初級クラスで幾度となく歌ってきた、「我愛北京天安門《ウォーアイペイチンティエンアンメン》（わたしは北京の天安門が好き）」であった。

のどから唇にかけて軽い痙攣が走る。噴き出しそうになる声を、のどに力を入れてグッと飲み込むと、鼻がツーンとなって、両眼の奥が痛くなる。それとともに、二人の姿がぼやけ始める。

ふいに、両肩から背中にかけて、わたしは中国に来ているのか、中国の土の上に立っているのか、という思いが走った。改めて自分の足許に目をやると、不覚にも眼鏡のふちをつたって右足の靴の先へポツリと涙が落ちた。

他の団員に気づかれないように、さりげなく次の合唱の部屋に入ると、またもや大拍手の渦。気持ちを落ち着けて団員を壁ぎわに整列させ、合唱曲を3曲ほど聞く。今度は、わたしたちが歌う番である。

日本で前もって練習をしておいた「村のかじや」を中国語で歌い、次に滝廉太郎作曲の「花」を歌う。拍手、拍手。こんどは、「みなさん、いっしょに歌いましょう」と言って、やはり用意してきた中国の歌「歌唱祖国（祖国をたたえる）」を歌い始めた。

すると思いがけなく、少年少女の間からざわめきが起こった。目だけが指導教師の顔に注がれ、「いいのですか、本当に歌っていいのですか……」と無言で訴えている。

わたしたちが何小節かを歌い終わったところで、その音楽の教師は自分に言いきかせるようにうなずくと、自らの両手を前にかざし、拍子をとりながら歌い始めた。その途端である。はじけるような大合唱が後に続いた。そしてそれは、わたしたちの歌声を一瞬の中にのみ込み、長江の流れのように流れ始めた。

わたしは、すでに声を失い、パクパクと口を開閉させながら、「どうしたのだ、いったいどうしたというのだ」と、涙を流している自分に問いかけていた。

わたしは、中国を見ているのではなかった。見ていたのは、中国に立っている自分自身の姿であった。わたしは、中国の歌を聞いているのではなかった。聞いていたのは、わたしや学生たちが神田神保町の教室でくり返し歌った、あのなつかしい歌声の響きであった。中国を見るために中国へ旅立ち、実はわたしの中にある「中国」を見ていたのである。

それまで静止していた美しい中国が、静かにゆっくりと動き出すのを感じていた。

1978年、早春。

4

上海市少年宮でのささやかな事件とともに、わたしの中国の旅は始まった。あの場所で涙をこぼしたのは、どうやらわたし一人だけらしい。

ふたたび紅いネッカチーフの子供たちに送られて、ホテルにもどる。服務員の控え室の隣の角部屋が、わたしと添乗員M氏の部屋である。不運なことに、最も狭くて雑然とした部屋をひきあててしまったらしい。廊下を隔てた向こう側で、女性団員たちのはしゃぐ声が時折聞こえる。白色陶器製の大きなバスタブのある洗面所で、午前中のホコリを洗い流しながら、「さっきはどうして涙をこぼしたのだろう？」と考えていると、M氏が、

「秘書長（ミーシュージャン）、水が出っ放しだよ」と、笑いながら声をかける。

「少年宮、なかなか良かったね」

「えっ、どこが？」

「みんな、うまく歌ったじゃない」

「そういうMさんも」と言いかけて、グッと声をのみこんだ。テープレコーダーに最も大きな音量で入っていたのは、彼の声である。

「でも、ギョッとしましたね、あの子供たち」

今度は私の番である。

「なんで？」

「どの子も頭がよさそうで。それはそれでいいんだけれど、バスの前にズラリと並び、笑顔で出迎えてくれた時、なんだかわからないけれど、こっちはうろたえてしまって……」

その日、少年宮にやってきた子供たちは、上海市全体から選りすぐった、いわば「選ばれた」子供たちである。どの子の瞳

錦江飯店・上海・1980

も、例外なく輝いていたし、充実した日々を過ごしているように見えた。他の団員たちが、子供たちとすぐ仲良しになり、手と手をとりあって少年宮に入っていくのを見やりながら、わたしはわたしについてくれた少女と並んで歩いた。中国語を二言、三言交わしながら進んでいくと、少女はわたしの顔をのぞき込むようにして、手をさしのべてくる。わたしは、その手をさりげなくよけながら、

ニイバー バ ツオシュンマコンツオ
「你爸爸做什么工作？（あなたのおとうさんは、どんなお仕事ですか)」とたずねる。すると、

ツァイコンチャンリコンツオ
「在工厂里工作（工場で働いています)」と、会話テキストの例文のような答えが返ってくる。屈託のない明るい表情。……

「秘書長、まだ水が出ているよ」

「ええっ、ああそうか、そうか」

わたしは、あの子たちの明るさに、なぜそんなにこだわっているのだろうか。あわてて水道の栓をひねり、タオルで顔と手をぬぐいながら、ベッドのふちに腰をかけ、大の字になって、「フウーッ」と深呼吸をする。———

中国の普通の子供は、今ごろ何をしているのだろう。上海市の少年宮にも、区の少年宮にも行けない子供、「選ばれない」子供たちは、今ごろ何をして遊んでいるのだろう。家の手伝いをしているのか、それとも校庭のすみで、ぼんやりと時を過ごしているのだろうか。

「選ばれた」子供たちの瞳が輝いていたのは、十分にうなずける。だが、「選ばれない」子供たちの瞳も輝いているのかどうか。わたしは紅いネッカチーフの子供たちの瞳に出会った時、反射的に「選ばれない」子供たちの暗く、よどんだ眼（まなこ）を想像してうろたえたのである。

両親がなく、成績も芳しくない少年時代を過ごしたわたしには、紅いネッカチーフの子供たちの瞳はまぶしすぎた。いまだに暗い気持ちで思い出す、鼓笛隊に選ばれた同級生たちの誇らし気な顔や、町で一人きりのボーイスカウトの少年のいでたちが、紅いネッカチーフの子供たちとダブって見えた。

旅行中わたしたちの訪問するところ、どこもかしこもそうした明るい表情の少年少女たちばかりであった。わたしたちにしても、新しい中国の良いところを学びに、美しい景色を楽しむためにやってきたのであるから、アラ捜しをする気は毛頭なく、しだいにそうした笑顔になじんでいった。

上海での3日間は、あっという間に過ぎてしまった。鳳城新村と呼ばれる労働者アパートの訪問、午前4時半に起き出して出かけた朝市、緊張と期待の入り混った復旦大学[1]の見学、針麻酔手術の見学など、朝・昼・晩、朝・昼・晩とたてつづけにスケジュールをこなしていくうちに、少しずつではあるが旅行者としての生活にしだいに慣れはじめていた。

ホテルの食事も、あまり大きくないわたしたちの胃袋にはおかまいなく、次々と大皿が並べられる。初めは、「これが本場の味ね」、「すごいボリュームだな。元気出して食べよう」などと、意気込んでわれ先にハシをつけていた団員たちも、しだいにごく自然に料理を口に運ぶようになった。

だからといって、わたしたちが旅行者としての緊張や束縛から一時的にせよ解き放たれることがあったわけではない。わたしたちは旅行者としての日常に慣れたのであって、中国の人々の日常に、あるいはその生活に入り込んだのではない。わたしたちは、旅行者として中国に到着し、旅行者として中国を見、旅行者として中国のホテルに泊まり、料理を食べたにすぎない。わたしたちを迎えた人々は、外国人の旅行者としてわた

1　北京の北京大学、清華大学などと並んで、伝統と実績をもつ有名大学。

したちを迎え、その健康でまじめな質問に答え、朝市の見学を準備してくれたのである。わたしたちが目にし、触れたつもりでいた人々の生活は、わたしたちのために周到に準備された「日常」であった。その意味からすれば、上海市の少年宮という場所は、子供たち自身が楽しむ場所である以上に、外国人旅行者を接待する場所として貴重な役割を果していると言えなくもない。にもかかわらず、少年宮は少年少女たちの日常の延長であった。彼らは、周到に準備してわたしたちを迎えてくれたが、それは、わたしたちが日本で外国からのお客さんを迎えるのと同じように、日常をより美しく立派に見せてくれたのであって、架空の日常を演出したのではない。その様子をふつうの日常だと勘違いしたり、頭から疑ってかかるのはこちらの身勝手である。よく、「ありのままの中国が見たい」と言って、添乗員や陪同（ペイトン）に食い下がる人がいるが、それはその人の眼そのものがくもっているために見えないのだと言えなくもない。団体の観光旅行というのは、展望台から地上を見るようなもので、細かい所は見えないが、猛獣におそわれる心配もないし、短時間で見られるように組まれている。もし、地上のこまごました現実を知りたいのならば、一人で展望台から下りて行かなければならない。だが、地上での生活は、実際には期待したよりもはるかに退屈でせちがらく、相当な覚悟を必要とするものである。

5

中国に来て6日目の3月15日8時30分、わたしたちの乗った夜行列車は、うす暗い上海駅のプラットフォームを離れはじめた。上海を案内してくれたZさん、Pさんともいよいよお別れである。

「再見、再見！」

「再、見——、再——見——！」

最後尾の窓に鈴なりになっていた団員たちの塊が少しずつほぐれ、めいめい割り当てられたコンパートメント（包房）へもどっていく。

もうすっかり暮れてしまった郊外には、目にしみるような家々の灯が点々とつづく。ガタン、ゴトンと規則正しい音を響かせながら、列車は徐々にスピードを増す。窓の外はすでに深い闇。

コンパートメントの中は、明るくはしゃいだ気分があふれている。一つのコンパートメントには四つのベッド。男14人、女18人の計算でいくと、男2人、女2人の部屋ができる。南昌まで、夜中を含めて16時間を過ごすのだから、この部屋割りは慎重にならざるをえない。結局、添乗員のM氏とわたし、それに日中学院の事務局のXさんと、やはり日中学院の卒業生でもあり、Xさんの「老朋友（ラオポンヨウ）」であるTさんが組むことになった。初めは、陪同の男性2人（S氏とF君）とわたしたち男性

上海街頭・1987

上海街頭・2018

2人、Xさん、Tさんと陪同のLさんが組むという名案を考えついたのだが、「それは……」と、無言ではあるが、きっぱりと断わられてしまった。陪同たちは、われわれから二部屋離れた、いちばん端のコンパートメントに3人で入る。すると、団員の若い女の子たちが、

「Lさん、大丈夫かしら？」

「ねられるかなあ」と、廊下でささやきあっていたが、Lさん自身が部屋から首を出し、

「何を言っているの？」という感じでニッコリ笑ったので、今度はわたしたちの部屋にやってきて、XさんとTさんに同じような質問をわりに真面目な顔つきでしつこく発する。XさんとTさんはゲラゲラ笑いながら、「あんたたち、こっちへ来たいんでしょ」とか、「何かあったら、すぐにそっちの扉たたくから入れてね」とふざけては、あたりの雰囲気を盛り上げる。あこがれの列車の旅が、すでに始まっているのだ。列車は、軽やかな興奮をのせて一路、南昌をめざして走る。

ふつう、軟座車はコンパートメントの片方の端に乗務員（列車員（リィエチャーユエン））の部屋、もう一方の端にトイレ（厠所（ツァースオ））と洗面室（盥洗間（グワンシージェン））がついている。わたしたちの乗った車両で言えば、陪同の部屋の隣がトイレと洗面室になる。したがって、トイレに行くたびに彼らの部屋の前を通らねばならない。扉は手で開閉し、鍵をかけることもできるのだが、彼らは扉を開けたままで、座席にきっちりと腰かけ、本を読んでいる。そこには、い

くぶん緊張が漂っていて、冗談の一つ二つ投げかけて通りすぎるなどという気安さはない。

杭州（ハンジョウ）分社から派遣されてきた陪同の3人は、若いＦ君とＬさんが日本語の通訳。その2人を監督指導する立場にあるＳ氏は英語が専門なので、どうしてもすぐには打ち解けにくいらしい。若い2人は団員たちともすでに仲良くなって、一緒に記念写真におさまったりしているが、なかなかハンサムでいかにも北京大学出らしいインテリのＳ氏は、なるべく目立たないように少し離れて、わたしたちのはしゃぎぶりをジッと見つめている。顔つきは穏やかだが、笑った顔を誰も見たことがない。それが、その夜のかっこうの話題となった。

夜行列車の夜は、酒盛りあり、トランプありで、修学旅行の夜のようにふけていく。それでも12時を少しすぎ、隣の部屋で「グーグー」と高いびきが聞こえたかと思うと、やがて列車全体が深い眠りに落ちた。

6

朝。

ググッと押しもどすような大きな圧力を感じて目をさます。窓からさし込む薄白い朝の光に透かすようにして腕時計を見ると、6時15分すぎ。扉の外では、パタパタとスリッパで通路を歩く音がする。もう起き出している団員がいるらしい。さっそくパジャマを脱いで手早く着がえ、扉をそっと開ける。通路の窓際に備えつけられた折りたたみ椅子に腰かけ、朝もやの中の駅頭をぼんやりと眺めていると、

「お・は・よ・うございまーす」とねむそうな声。

「おはよう、よくねむれた？」

「ええ、横になったら、すぐねちゃいました」

よく見ると、彼らはパジャマ姿である。トイレに行くところらしい。

しばらくすると、ほとんどの団員が起き出し、明るくなった窓の外を眺めては、「うわぁ、牛がいる、牛がいる」、「川だ、川だ」などと、感嘆の声をあげる。そのうちに、いつのまにか、陪同の3人も起き出してきて、やはり通路にかがんだりして外を眺めている。

「小F、睡好了吗（シュイハオラマ）？（F君、よくねむれたかい）」とわたしが声をかけると、

「嗯（ウン）、睡好了（シュイハオラ）。你呢（ニーナ）？（ええ、よくねました。あなたは）」とニコニコしながらF君が近づいてきた。何気なくその足許を見て、「あっ」とわたしは小さな声をあげた。ズボンの下から、毛糸で編んだズボン下がはみ出しているのだ。昨夜はどうやらそのままねたらしい。ちょっとドギマギしながら、

「昨日の夜は、そのままのかっこうでねたの？」と聞くと、怪訝（けげん）な顔をして、

「ええ」と答える。

「靴下も？」とたずねると、

「そのままです」

「ふうん、そう……」

「どうかしましたか？」

「いいや、別に……」

3月初旬は、江南の地でもかなり冷え込む。「春寒」は、冬の寒さよりいっそう身体にこたえる。それに加えて、その年は何十年ぶりかの寒波の襲来とかで、旅行の間じゅう、ずっと寒さとの闘いが続いた。その防寒対策でもあろうが、ねむるときにパジャマや寝巻きに着換えない彼らに驚き、そしてそれに驚きを感じた自分にも驚いた。そこは、自分の家の中ではなく、見ず知らずの人々が隣り合わせになる公の空間なのだ。4人一組でコンパートメントに入った団員たちは扉をしめ、鍵をかければ、もう兄弟のように気を許しあい、リラックスし、気ままにふるまったであろう。事実、旅行中は、訪中団じたいが一大家族のように身を寄せあっていた。その後も、夜行列車に中国の人と乗り合わせる機会があったが、やはり着換えなどせずに、そのまま毛布にくるまってねていた。

しばらくすると、布の袋をかぶせた大きなヤカンをもった列車員が、朝一番のお茶をつぎにやってきた。そして、朝食の時間をわたしたちに告げると、すぐに出ていった。

あわただしい朝が始まるのだ。

7

江西省の省会（省都）である南昌駅に降りたのは、15日の昼少し前。あたりは空から雲が低く垂れこめ、灰色で描かれた淡彩画のようである。地表の冷たさに、プラットフォームで思わずブルッと身震いをしてしまう。わたしたちを迎えてくれたのは、国際旅行社南昌分社のＳさん、Ｚさんの２人である。

型通りのあいさつがすむと、さっそくマイクロバスに乗り込み、ホテルに向かう。江西賓館。鳥が翼を広げた形に建てられた本館と服務員宿舎、それを取り巻く大きな庭園からなる欧米風のホテルである。たぶん、南昌市で最も、あるいは江西省で最も大きなホテルなのだろう。

「寒いねえ、何だい、この寒さは」と、添乗員のM氏。

「みんな風邪をひかないといいね。そろそろ疲れが出てくるころだし」と言いながら、洗面所にとびこみ、さっそく顔と手を洗う。電話のベルの音。M氏の「好、好（はい、はい）」という声が2、3回聞こえる。すると、「秘書長、南昌での日程の打ち合わせ、すぐにやっていいかな？」

「いいですよ」

「それじゃあ、みんなにこの部屋に来てもらいましょう」

しばらくすると、ＳさんとＺさん、陪同の３人、少し遅れて団長のWさんがやってくる。Ｓさんは、血色のよい丸顔。Ｚ

さんは、垢抜けた男前。まず、南昌の印象などを少ししゃべって、すぐ本題に入る。

「では、南昌での日程について打ち合わせるであります」と南昌分社のＳさんが口火を切る。

「本日は、15 日でありますから、みなさんの滞在は、16 日、17 日と合わせて 3 日間であります。本日の午後は、八一起義[1]に関係する場所を見学するであります。また、本日の夕方は舞踊劇を見るであります」

日程をメモしながら、そっとＭ氏の方へ視線をやると、やはりＭ氏もこちらをチラッと見て、また手帳の方に目を落す。Ｓさんは、日程をひとわたりしゃべり終えると、

「団長先生、秘書長先生、何かご要望はありませんか？」とたずねる。そして、念を押すかのように、部屋にいる一人一人をゆっくりと眺めまわす。わたしたちは、特に要望という要望もなく、すべてお任せしますということで、彼らは帰っていった。

午後の見学には、風邪をひかないよう厚着をしてくるようにと班長から団員に伝えておいたため、めいめいが工夫をこらした出で立ちでバスに乗り込んでくる。忘れものを部屋へ取りにもどった 2 人がやってくるのを待って、最後にバスの

1　1927 年 8 月 1 日、中国共産党の下、南昌で起こされた武装蜂起。周恩来、朱徳、葉挺、賀竜、劉伯承などが中心となって起こされた。そこで、8 月 1 日は、中国人民解放軍の建軍記念日となった。

ドアをしめると、ちょうどＳさんと並んですわるかっこうになった。

「Ｓ先生、你是本地人吗？（Ｓさん、あなた、この土地の人ですか)」と、わたしがたずねると、

「ハイ、自分ハ南昌ノ人デアリマス」とにこやかに答える。わたしは、その人なつっこそうなやさしい目の奥に、30 数年前のＳ少年を見いだして、

「そうですか……」と、少しひるんだ顔つきになる。

「秘書長先生、どうかなさいましたか？」

「いや——、今日は冷えますね——」

笑おうとして、ほほが少し緊張しているのが、自分にもわかる。

「対、今天特別冷（そう、今日は特に冷えますね)」と、今度はＺさんがさりげない顔つきで話に加わってくる。

文献によれば、ちょうど 40 年前の 1939 年、日本軍は南昌を占領している。Ｓさんは恐らくその時代に、日本と接し、日本語を習得したに違いない。彼の話す日本語は、疑いなく軍隊の日本語である。

「Ｚ先生，你也是本地人吗？（Ｚさん、あなたもこの土地の人ですか)」

「不。我是北方人。哈尔滨。(いや、わたしは北方の人間です。ハルビンです)」

このあたりの人にしては、顔つきといい服装といい、ひ

ときわ垢抜けたＺさんは、背筋をピンと伸して誇らしげに答える。

　バスは大きく揺れながら、灰色の南昌の街を走り抜けていく。ふと、窓から小さな、間口一間ほどの理髪店が見えた。店員が、一人しかいない客の髭をあたっている。何気なく、カメラのファインダーをのぞくと、そこは 40 年前の南昌の街角であった。レンズの向こう側の世界は急速に色を失い、たちまちセピア色と化していった。

40

私と中国40年

第三章

北京の四季

北京の街角で

——先生、北京のどこが一番好きですか？

——うーん。むつかしいねえ。街の中かな。

——街の中って？琉璃廠(リューリチャン)ですか、それとも王府井(ワンフーチン)ですか？

——もちろんそこも好きだけれど、ただの街角が一番だね——。

北京の街角。何の変哲もない路地裏。夏になると西瓜が山のように積まれ、庖丁を持ったお兄さんが、

——さあさあ、甘いよ、甘いよ。

と怒鳴っている。冬になると、路面がコチンコチンに凍って、抜き足差し足で歩いていても、つい気をゆるしてスッテンコロリン。でも春になれば、迎春花(インチュンホワ)が黄色い花をいっぱいに咲かせて。

秋はヒューヒューと冷たい風が吹きます。日一日と気温が下がって、人通りも次第に少なくなります。

3月の中旬。

北海（ベイハイ）の「仿膳（ファンシャン）」で昼食をすませると、黄色いタクシーで王府井へ向かいました。といっても、現在大工事中の大通りで買い物をするのではありません。北海の入口から真っ直ぐ

北海公園・北京・1986

今の北海公園

東に向かい、旧北京大学の校舎跡「紅楼（ホンロウ）」を左に見て、中国美術館を過ぎ、四つ角の華僑大廈ビルの手前で下車。歩いても大した距離ではありませんが、訪中団の皆さんと乾杯したビールがまだ残っているので、足どりが少し危ういのです。

この間まで大工事をしていた華僑大廈はやっと営業を始め、新しいホテルや商店でにぎわっています。大きなガラスのドアを推して、一歩中に入ると、レセプションホールもすっかり綺麗になって、かつての暗いホールとは別世界のよう。最近、香港のホテルチェーンが経営に乗り出したとか、細かい所にまで気が行き届いています。正門ホールの傍らには、飲茶（ヤムチャ）の「点心（ティエンシン）」を売る店もあり、赤い店構えが何ともかわいい感じで、胡麻の団子やクッキーの小皿につい見とれてしまいます。

そうそう。肝心の仕事を忘れないように。このビルから少し南に下った商務印書館におられる陳原先生をたずねるのです。約束は午後3時ですから、あと20分ほどありますが。

フロントでパンフレットをもらい、ホテルを出ます。商務はもうすぐそこですから、急ぐ必要はありません。ぶらぶらと、街を眺めながら歩きます。

——先生、ちょっとあそこを見て下さい。

ふいに同行のK君が小さな店のウインドウを指さします。

——何か、面白そうなものがありますよ。

——そうかい。ふむ、どれどれ。

近づいて見ると、切手やマッチのラベルがたくさん並べられています。

——你好(ニイハオ)（こんにちは）。

ガラスのドアを推して、さっそく中へ。間口も 1 間、奥行き 2 間といった店構えに、ガラスケースが 3 本。奥で、60 がらみの師傅(シーフ)がメガネをかけて、じっとこちらを見ています。

——这个邮票、给我们看一看（この切手、ちょっと見せて下さい）。

——好(ハオ)（はい）。——多少钱（いくらですか）？

——10 块（10 元）。

奥の壁には、中華民国時代のマッチのラベル。その他、毛沢東の記念バッヂ、国内外の記念切手、切手のストックブックなどが小まめに整理されて、ケースの中に所狭しと並べられてい

（中）（右）タバコのおまけカード
（左）四川銀貨

ます。

ふと目を落とすと、すぐ手元のケースの中に銀色の貨幣がいくつか。

——这是银币吗（これは銀貨ですか）？

——对(トイ)。大洋币（そう。大洋銀貨だよ）。

出されたのは、3枚の銀貨。一つは「大洋(ターヤン)」と呼ばれる民国政府製の一元銀貨。もう2枚は、四川と雲南でつくられたもの。すぐさま、2枚を両手につまんで、そっと当ててみます。

——チン。

とにぶい金属音がします。2枚を当てて耳元に持って行き、その音色を聞くのが、昔からの真贋鑑定法なのです。

——这是真的（これは、本物だよ）。

今までムッツリしていた師傅も、この様子を見て、少しニッコリ。身をのり出して、私たちの目の前で2枚を打ちつけてくれます。

——チィーン。

涼しげな響きがあたり一面に広がって。

感動したK君が、「でも、どうやって本物と偽物を識別するんですか？」とたずねると、師傅は黙って抽出(ひきだ)しの奥から1枚の銀貨を取り出しました。

——你自己看吧（自分で見てごらん）。

なるほど。偽物は軽い、そして小さい。二つを両手に持ってみれば、すぐにわかります。師傅は黙って、うなずくばかり。

私たちは、しばし絶句です。

記念切手、記念封筒。銀貨３枚。それにマッチのラベルを２袋——思いがけない収穫に、私たちは思わず笑みをもらしながら、商務に向かいます。

門に入って腕時計を見ると、針は２時55分を指していました。

（1994.5）

夏から秋へ

——北京は、もうすっかり秋です。

北京へ出かけている妻の父から、息子に宛てて絵葉書きが届きました。毎日、晴れ上がった空の下で、のんびりとすごしている様子。うらやましい限りです。

もう７年も前、私たち家族５人と妻の両親は、北京市西郊のホテル・友誼賓館（ヨウイーピンクワン）に住んでいました。この中国一の庭（や敷地）を持つといわれるホテルは、主楼（チュウロウ）を中心に、八つの居住区を持っています。敷地内には、診療所、銀行、郵便局、プール（屋外、屋内）、テニスコート、ショッピングセンター、そして五つのレストランがあり、一般の旅行客の他に私たちのような長期の滞在客を受け入れています。私や岳父は北京外国語学院にある北京日本学研究センターに勤めていましたので、本来な

友誼賓館東南区・北京・1986

らばそちらの大学の専家楼（ゲスト・ハウス）を使えばよいのですが、生活上の便宜から、こちらのホテルを選びました。

私たち5人は、白石橋路という大通りに面した東南区。両親は、一番奥の西南区で、ちょうどスープのさめぬ距離といったところ。もっとも、その頃はホテルの改修工事の全盛期でしたので、ぐるりと迂回していかなければならず、冬の間は、出かけていくのもおっくうになりがちです。何しろ、日中でも最高気温が零下7～8度という日が続きますから、外を歩くのも一大事なのです。

この東南区、西南区の「区」というのは、ヨーロッパの都市のように中庭を四階建てのビルがぐるりと囲んで作られた場所をさすのですが、それぞれその一角にレストランを持っています。私たちの区には「専家（チュワンチャ）」といって大学の外国人教師や出版社の編集にたずさわる外国人専門家が多かったので、そのレストランは「専家食堂」と呼ばれていました。ここは、他のレストランに比べて、値段が安いのと洋食が出るので結構繁盛していましたが、私たちは両親のいる西南区のレストランの方がずっと美味しいことを知っていましたので、しばしばそちらへ出かけていきました。中華人民共和国成立直後に作られたそのレストランの建物は、天井がむやみに高く、照明が暗くて殺風景なのですが、料理がなかなか美味しいので香港などから団体客が来ると、必ずここへやって来ます。何といっても朝のお粥と餃子、それから「沙鍋（シャークオ）（土鍋料理）」の味が格別です。

夏・黄昏は至福の時

私たちの住んでいた部屋は、日本風に言えば3DKで、台所と風呂、トイレつき。そのうち二つの部屋は、外の道路に面していて、もう一つは中庭に向かってバルコニーが張り出しています。朝となく夕べとなく、外の通りを眺め、中庭の四季のうつろいを楽しんで過ごしました。私たちがここへやってきたのは、8月19日ですから、夏の最中。北京は北方にあるのですが、日中はとても暑くなります。庭では、朝からスプリンクラーがカタカタとせわしなく動いて。日本では使ったことのないエアコンを一日中かけていると、冷気が入口のドアから漏れ出して、廊下が真っ白な霧におおわれるほどです。

昼が長いのも、北方の特徴です。夏の間は、夕食が終わってもまだ明るく、9時を過ぎてやっとしだいに黄昏(たそがれ)て。子供も大人も、涼しくなった夕方には、うきうきと外へ出て行きます。子供たちは広場で鬼ごっこをしたり、自転車を乗り回したり。大人たちは、ベンチに腰かけて、澄みわたった青空をながめたり、おしゃべりに興じます。一年のうちで、最も満ち足りた至福の時間です。

9月に入ると、北京の街は日一日と美しさを増していきます。10月1日の国慶節を迎える準備です。ホテルの正門あたりには、色とりどりの植木鉢が並べられ、建物の内外がきれいに磨き上げられていきます。一年のうちで、春節（旧正月）と国慶節が一番にぎやかですが、春節は極寒の中。それにひきかえ、国慶節は爽快な秋晴れの下、さまざまな活動が繰り広げられます。大きな建物の縁には、赤、黄、青、緑などの電球がとりつけられ、宵闇の中で美しく燦めいています。

しかし、その美しい秋も、あっという間に過ぎていきます。

11月のはじめのこと。

その日は朝からゴーゴーと嵐のような風が吹きました。恐ろしいくらいの強風で、外を歩くこともできません。窓の戸を固く閉ざして、じっと息を潜めています。午後になると、空も暗くなってきて、陰々滅々たる空気があたり一面にたちこめて。

翌朝。

——お父さん、起きて、起きて！

居間の窓際で娘たちが、大声で呼んでいます。

——何だい、何だい、朝早くから。

——あれあれ。早く見て、見て。

ゆっくり、窓際に近づいて、硝子ごしに外を眺めてみました。そして、思わず息を飲んだのです。

夏の間、ポプラの並木の緑しか見えなかった大通りの様子が、すっかり変わってしまいました。幹と枝だけになった並木の向こうに、建物やら畑やらが林立して、まるで別世界の趣です。

ほんの一夜の出来事でした。

(1993.9)

秋から冬へ

暖かいジャケットが欲しい季節。

待ちに待った国慶節が去り、10月も半ばになると、朝晩が急に冷え込んできます。ついこのあいだまで、日中は半袖でも暑いくらいだったのに、カーディガンやジャンパーが欲しくなりました。

そして、冬が急ぎ足で近づいてきて。

一面に葉を繁らせていたエンジュの並木も、しだいに冬の準備に入ります。枝から先に養分を送らなくなった幹は、一枚一枚の葉を萎(しお)らせて、地上に振り落とすのです。轟々と大地を揺るがす大風は、一夜にしてすべての葉を吹き落としてしまいます。

11月に入ると、日一日とまるで階段をかけ下りていくかのように気温が下がっていきます。それがまだ準備のできていない身体には、ぐんとこたえて、このままいくと、歳を越せないんじゃないか——そんな暗い気持ちになってしまうほど。見栄えはともかく、暖かなセーター、ダウンジャケットが欲しい。朝晩の通勤の自転車の列にも、にわかにダウンの長いコートが増えます。

それでも顔だけは風にさらさなければならないので、北国特有のリンゴのような赤いほっぺになります。子供たちは、目と口と鼻だけを出した毛糸の帽子をすっぽり被って。赤・黄・青・緑など色とりどりの帽子と手袋が毎朝、横断歩道を元気にわたっていきます。

やがて12月。長い長い冬の夜。

驚いたり心配していた寒さにもようやく慣れ、気持ちにも少し余裕が出てきます。最低気温が氷点下10度、20度だといっても、ぐっすり眠っている夜中のことですから、大して気になりません。それよりは日中の気温が零度以下だと、これは実にきつい。それよりもっと滅入るのは、夜の長いこと長いこと。何しろ、午前9時ごろに少し明るくなったかと思うと、午後4時ごろにはもう暗くなりはじめる、そんな日が続くのです。

冬は寒い——これは当たり前。でも、冬は日が短い——これには参りました。恐らく日本でも有数の温暖な土地、浜松で育った私には、冬はといえば晴天が続き、やけに明るいイメージがあります。雪もないし、学校の教室にはストーブもない。大学生になって、東京へやって来ましたが、入学試験の日に雪が降り、路上に数センチ積もったのに感動したほどです。

もうひとつ。北京の冬は、ひどく乾燥します。ただでさえ外気が乾いているのに、家の中ではスチームがシュンシュンと音を立てるので、どこもかしこもカラカラ。うっかりすると、すぐにのどをやられ、風邪をひきます。

そして、春節。

元旦は、どこにも出ないで家にいます。実は除夕（チューシー）（除夜）はどこの家でも「熬夜（アオイエ）（徹夜）」しているので、昼ごろまで寝ているのです。昼ごろから起き出しても、何も手につかず、皆でぼんやりとしています。

二日、三日ぐらいになると、三々五々、知人や親戚の家へ出かけていきます。そして、四日、五日ごろになると「廟会（ミャオホイ）（縁日）」へ足をのばします。

白雲観（バイユンクワン）の廟会

私たちが北京に住んでいた1987年の春節には、記念すべきことがありました。道観（道教の寺院）であり、古くから知られる白雲観で、「廟会」が開かれたのです。この白雲観の縁日は、老舎の名文「北京の春節」にも大鐘寺（ダーチョンスー）（ここも友誼賓館の近く）、廠甸（チャンティエン）（今の琉璃廠（リューリチャン）あたり）と並んで、この白雲観の廟会が挙げられています。その名所も文化大革命で内外ともに破壊しつくされ、ずっと閉じられていたのですが、この年になってやっと修復が終わり、開放されることになったのです。

1月31日。旧暦でいう正月三日、白雲観に出かけていきました。総勢10名。我が家の5人、岳父母、さらに王超黙・周俊琪夫妻とその娘の王宜ちゃん。王さんは北京大学の王瑶先生の息子さんです。王宜ちゃんが息子と1歳違いなので、王瑶先生の著書の翻訳の仕事を機に、家同士で親しくしているのです。切符は、奥さんの周さんが買っておいてくれました。1枚6角。

友誼賓館からタクシーで20分ほど行き、復興門大街を横切ると、まもなく白雲観。路地が入り組んでいるので、少し遠くで車を降り、ぞろぞろと歩いていくと、驢馬（ロバ）が見えます。昔は競馬をやらせたとか。今では子供を乗せて、路地を行ったり来たりするだけですが、なかなかの人気者です。門の両側には、今では珍しくなった露店がいくつも出て、「北京小吃（ペイチンシャオチー）」というのれんを掛けて、お菓子やらうどん、まんじゅうやクレープを売っています。鉄板の上でこんがり焼けた「焼餅（シャオピン）」、赤い団子のような「糖葫蘆（タンフールー）」、それから色とりどりの「風車（フォンチャー）」。中に入ると、玩具の店が大人気。娘にせがまれて「ビードロ」を買いました。値段は1元。吸ったり吹いたりするたびに「ポコペン、ポコペン」と楽しい音を立てています。

奥には、もともと道教の神様たちがズラリと並んでいたはずですが、修復したばかりですから、ペンキの香りが鼻につく木像が数体置かれているだけ。裏庭には、にわか舞台がしつらえられて、「相声（シャンション）（漫才、声色）」や京劇の「唱（チャン）」の真っ最中。

見物人の後ろに立ってしばらく眺めていると、まだお昼前だというのにあたりが急に暗くなって、ぐっと冷え込んでき

公寓小院・北京・2007

ました。

——お父さん、ほらっ、雪。

思わず目を上げると、細かな白い雪が天上からふわふわと舞い下りてきます。

久しぶりの雪でした。

（1993. 10）

春から夏へ

春節を過ぎると、北京は日一日と春めいていきます。でも、油断大敵。うっかり薄着をすると、すぐに風邪をひいてしまいます。とにかく、4月の声を聞くまでは用心、用心。

気候の変化に最も敏感なのは、何といっても動植物です。

柳は、つややかな緑の芽を吹き、その枝で鳴きかわす鳥の姿も、日ましに増えていきます。あたりを吹きすぎる風もやさしく、日ざしも柔らかく。とにかく、日が暮れても外を歩くことができるのです。うっとりするような甘い花の香りにさそわれて、何処へ行くでもなく、ぶらぶら——“溜达（リュウター）、溜达（リュウター）”です。

5月になれば、もう本格的な夏。街角には、半ズボン姿が目に付くようになります。あちこちで「冰棍（ピンクル）（アイスキャンデー）」「雪糕（シュエカオ）（アイスクリーム）」が飛ぶように売れ、乾いたのどを潤します。5月の初めは、何といっても柳絮（りゅうじょ）。白い綿毛が、大きなボタ雪のように天空に舞います。自転車に乗っていると、顔一面にまとわりついて前方が見えなくなるほど。道路の端には、風に吹き寄せられた白い塊が、名残の雪のように積もって。

北京には、梅雨がありません。そのかわり、ふいに大雨が降ることがあります。たしか英語の時間に習った“dogs and cats”でしたでしょうか、中国語では「驟雨」とでも呼ぶべき、ひどい雨足に息もつけぬくらい。ひとしきり降ると、地面の熱気がすっかりおさまって、つかの間の涼しさが訪れます。

こんなとき、よほどのことがないかぎり、北京の人は外出しません。何日も前から約束していても、さっぱりやって来ません。友人同士の間では、それはしごく当たり前のことですから、わざわざ電話して、

――ごめん、ごめん。こんな降りだから、今日はよしとくね。

なんて弁解したりしません。人生、そんなにあわてる必要はないのです。のんびり、ゆったり――これが北京の街、北京の人なのです。

そうそう。アイスキャンデーと言えば、忘れられないことがひとつあります。

私たちの3人の子供のうちの上の2人――息子と娘は、1993

年 9 月に近所の普通の小学校に入れてもらいました。私の勤め先の北京外国語学院の紹介状を持って、ホテルの向かいにある西頤小学(シーイーシャオシュエ)（校）を訪れると、50 すぎの恰幅のよい校長先生（女性）ともう少し若い教頭先生が笑顔で迎えてくれました。息子は三年生、娘は一年生。担任は、「李老師(リーラオシー)」と「張老師(チャンラオシー)」、どちらも女性の先生で、よく見ると男性の先生は 3 人きりで、教務主任と体育の先生と門衛のおじいちゃん（翁(ウォン)さん）です。

翁さんは、若い頃日本の会社にいたとかで、日本語が少し話せます。学校の門の前の守衛所にベッドを持っていて、いつもそこに寝泊まりしていますから、何くれとなく子供たちの面倒を見てくれました。時々、私や家内が迎えに行って門の前に立っていると、受付の部屋に手招きしてくれて、いろいろと思い出話をしてくれます。

子供たちは、入学早々、いろいろと面食らうことばかりでした。まず、校内が暗いこと。廊下も教室も、よほどのことがないかぎり昼間は電灯をつけません。奥まったところにあるトイレも、真っ暗です。ですから、娘はこわがって、じっと我慢。でもある日とうとう我慢ができなくて、

——先生、おしっこに行っていい？

とたずねました。答えは、

——不行(プーシン)（ダメです）。

休み時間に行きなさい、今はダメ。娘は休み時間になるまで、目を白黒していたようです。

入学して、2週間ほどたったある日。

ホテルの前の大通りを渡り、学校の門から少し離れた角にかくれて、様子を見ていました。迎えに来ていないと思わせて、ちょっと驚かしてやろうと思ったのです。

下校時間を少し過ぎて、門から一団がドヤドヤ出てきました。我が家の2人もいます。一団は、そのままアイスキャンデー売りのおばさんめがけて進んでいきます。おばさんを取り囲むようにして、あっちからもこっちからも手が伸びて、バナナ味やら酸梅（スワンメイ）味やらを手にすると、三々五々散っていきます。じっと見ていると、とうとう2人だけが取り残されてしまいまし

胡同冬景・北京・1987

た。おばさんに向かって、しきりに何か言っています。そして、ポケットをさぐってお金を払うと、満面に笑みをたたえて、こちらに向かって来ます。

——あっ、お父さん。

娘に見つかってしまいました、

——何て言ったんだい？

すると娘は胸を張って、

——给我一个（ケイウォーイーコ）（一つちょうだい）。

娘が初めて覚えた会話でした。

（1993. 11）

児童節に思う

6 月 1 日。

それは「六一児童節（リューイーアルトンチィエ）」、日本でいう子供の日です。

もちろん、学校はお休み。ただし、休みなのは子供だけで、大人はいつも通りお仕事です。中国の記念日というのは、日本とはちょっと違って、たとえば「三八婦女節（サンパーフーニュイチィエ）」では、女性だけがお休み。男性は、もちろん仕事、仕事。

さて、6 月 1 日は、学校は休みですが、ただ休みというのではなくて、全員参加の活動があります。息子たちが通っていた学校の場合には、日本の小学校のように講堂がないので、近くの「職工倶楽部(チーコンチュイラーブ)」に集合することになりました。ここは、友誼賓館で働いている人たちの福利厚生施設で、下が大食堂、上はホールになっています。お昼前になると、手に手にホーローのボールや大きな「筷子(クアイツ)（はし）」、スプーンをもった服務員さんたちが、あちらからもこちらからも姿を現します。

そして、大通りから倶楽部へ通じる路地の両側には「攤販(タンファン)（物売り）」が立ち並んで。野菜や果物を色とりどりに揃えた八百屋、アイスキャンデーの箱を荷台につけた自転車、ミシンの本体の横にゴム底を並べた靴直し、ヤカンやざるなどの日用雑貨を商う男、新聞や雑誌を地面に並べた女。

こんな店をいちいち冷やかしながら、しばらく歩いていくと、そこはもう「職工倶楽部」の入口です。扉の両側には、党からの通知、職場のお知らせ、映画のビラ、催し物の案内が所狭しと貼られています。真っ赤なインク、黄色の台紙、その中央を真っ黒な墨の字が躍るように書かれていて。

——お母さん、ただいま。6月1日お休みだって。

昼食をとりにもどってきた娘が、いきなりドアのところで叫びます。

——えっ、何で？

——6月1日は、子供の日なの。

——じゃあ、行かなくていいの。

すると、お兄ちゃんが帰ってきました。

——ただいまっ。あした、やっぱり行くんだってよ。西門

児童節・北京・1987

の向こうの「職工倶楽部」に、いつも通りの時間に来なさいって。

私も気になって、奥から出ていきます。

——おかえり。何するんだって？

——少年先鋒隊の活動をするんだって。

——へぇーっ。お父さんたちも行くのかな？

——みんなで来て下さいって。

夕方になって、夕食の食卓を囲みながら、さっきの話の続きです。

——先生がねぇ、民族衣装着て来なさいって。

——何、それ？どういうこと。

——あんたたちは日本人なんだから、日本の服を着て来なさいって。

——ええっ、困ったわね。着物なんて東京から持ってきてないわよ。明日、先生に洋服でもいいですかって、聞いておいで。

——うん、わかった。

ということで、娘は翌日先生にたずねてみましたが、「日本人は、やっぱり日本族の格好をしなくっちゃ」とつれない返事。でも文字通り無い袖は振れませんから、新しいシャツとズボンで行くことになりました。

いよいよ6月1日。

家族5人でいそいそと出かけていくと、前から4列目に案内され、かしこまって座っていました。すると、午前9時、鼓笛隊の入場とともに、記念式典が始まります。「少年先鋒隊」というのは、7歳から14歳までの少年少女を対象とした組織で、中国共産党を支える最も下部のものです。目印は、首に巻いた赤いネッカチーフ「紅領巾（ホンリンチン）」。赤いネッカチーフを巻いて瞳を輝かせた少年たちを、きっと皆さんも写真などでご覧になったことがあるでしょう。

やがて、校長の挨拶やら、ネッカチーフの授与式が終わり、アトラクションになりました。中央の舞台では、学年ごとに趣向をこらした出し物が演じられます。合唱あり、朗読あり、ダンスやお芝居もあります。そして、息子の学年、三年生の番になりました。どうやら合唱のようで、ぞろぞろと舞台に出て三列に並びます。それを、ゆっくり眺めているうちに、思わず

「あっ」と叫んで、皆で顔を見合わせました。

そこには、色とりどりの民族衣装が並んでいるのです。息子の同級生の中にも、朝鮮族、ウィグル族など、かなりの数の少数民族の子がいるではありませんか。教室で見ているときには、同じような格好をしているので、全く気がつきませんでしたが、どの子も自分の民族衣装を着て、胸を張って並んでいます。

そうか、中国は多民族の国なんだ、そして北京には中国の各地から、そして世界のあちこちから人々が集まって来ているのだ。自分たちもその中の一人、その中の一軒にすぎないんだ——何度も何度もうなずきながら、紅いネッカチーフを巻いた息子と娘の後姿を、すがすがしい気分で眺めていました。

(1993. 12)

北京のカゼ薬

昨日、妻の両親が北京へ出かけました。「春節（旧正月）」を北京で過ごすためです。

今年の元旦は、1月23日。22日の夜が「除夕（除夜）」で、花火や爆竹の轟音が、明け方まで町中に響きわたっていることでしょう。真冬ですから、もちろん零下の毎日が続きますが、冴えわたった夜空には、降るような星座が広がって、息をのむ美しさです。

ホテルや公共の建物の屋根や壁には、色とりどりの電球がともされ、まるでおとぎの世界のよう。町全体が熱気に包まれて、春の訪れを待ちます。まさに「新春」を迎えるのです。

中国でいう「農暦（ノンリー）」、日本で言う旧暦は、北方の気候の運行とぴったり合っています。春・夏・秋・冬が暦通りに移り変わっていくのです。人々は、寒くて暗い冬をじっと耐え、地面から沸々と立ちのぼる春の気に包まれて新しい一年を迎えるのです。

北京の冬は、ひどく乾燥しています。おまけに、ホテルの部屋ではスチーム暖房をきかせていますから、しぼらずに干した洗濯物が一晩でパリパリに乾いてしまうほどです。ですから、すぐにのどをやられてしまいます。そこで、カゼの予防にと北京の人々は、お茶をがぶがぶ飲んで毎日を過ごします。

それでも、ひいてしまったら仕方ありません。暖かくしてベッドで蜜柑でも食べているのが一番ですが、熱が出たり咳が止まらなかったりで、本当に困ってしまいます。

そこで、カゼ薬のおすすめ。もちろん漢方薬です。

まずは「銀翹（インチャオ）解毒片」。メーカーはいくつかありますが、天津市中薬廠のアルミ箔入りが一番。瓶入りに比べて、軽くて持ち運びも便利、どこででも気軽に飲めます。一回3錠、重症には5錠。とにかく高熱に良く効きます。ただ、飲んで30分もすると熱がいったん下がるので、完全に治ったと思い違いをして余計にこじらせてしまう人もいて要注意。やはり休養が第一。

つぎにのどの痛み。これは何といっても、「川貝蛇胆液（チュワンペイシャータンイエ）」と「羅漢果（ルオハンクオ）エキス」です。「川貝」の方は高級薬で、一本ずつの小瓶からストローで飲みます。ハッカの爽やかな芳香が美味しく、下の娘などは大したカゼでもないのにねだったりします。「羅漢果」の方は、お湯にとかして飲みます。甘くて美味しく、大人にも子供にも好評です。

もうひとつ。熱が出て、唇のあたりに水泡ができることを、中国では「上火（シャンフォ）」といいます。身体に熱気がたまったために、身体の一番表面に水がたまってしまうのです。

一昨年の3月、北京から上海、蘇州、杭州へ出かけた折、同道した息子が、寝不足とカゼで唇をタラコのように腫らせてしまいました。日本でもよくやるので、東京のときと同じように皮膚科で見てもらうことにします。さっそく北京の協和病院へ。すると、受付の看護士さんは、息子の唇を見るなり、「皮膚科じゃありません。内科へ行きなさい」と言います。昔住んでいたときからの顔見知りのベテラン看護士さんですから、むげに断るわけにもいきません。そこで、カルテを持って内科へ行きました。

すると、内科の看護士さんも「そうそう、これは上火よ」と注射器の用意。ややあって、お医者さんは水泡の膿を吸い出すと、軟膏を塗って、飲み薬を出してくれました。薬局で受け取った薬は、アンプル入りのカゼ薬と顆粒の「冲剤（お湯で溶いて飲むもの)」です。袋の上には「板藍根（バンランケン）」と印刷してあります。

板藍は、アイ科の植物で、その根から採ったエキスを使います。カゼに効くほか、日本脳炎、肝炎、耳下腺炎にも特効があります。これに「大青葉、蔗糖」を加えて製剤してあり、お湯をそそいで、とかして飲むのです。

そうそう、もうひとつありました。「西瓜霜（シークワシュワン）」といって、スイカの粉末が主剤です。これは、ただれた皮膚に噴霧するようにかけるのですが、ハッカの香りがしてなかなか爽やかです。鼻や口、のどの粘膜の腫れにも効能があり、黒ずんだ色になるのを我慢すれば、大いに頼りになります。

日本を発つ前の晩、妻の母から電話が来ました。

——何か北京で買ってくるものない？

——うーん、また3月に行きますから、とくに……。

すると、台所にいた娘がとんできて、

——お父さん、お父さん、板藍根。

そうかそうか、と娘を振り返ると、

——おいしい方ね。2種類あるから。

ということで、おばあちゃんのお土産は、「北京のカゼ薬」ということになりました。

(1993.1)

茶は人なり

つい 2 週間ほど前のこと。

北京の護国寺（フウクオスー）の通りを歩いていました。京劇の名優「梅蘭芳（メイランファン）」さんの故居を訪ねるつもりだったのです。このあたりは「四合院（スーフーユエン）」と呼ばれる、庭を囲んで四棟の建物が組み合わさった伝統建築が甍をつらね、古き良き北京のおもかげを随所に残しています。街角には、肉まん屋のセイロが真っ白な湯気をたてて。白菜を荷車にうずたかく積み上げた八百屋。自転車の修理なら何でもござれのおじさん。丼やら皿を四方に広げた瀬戸物屋のおばさん。どれもこれも、昔なつかしい光景ばかり。ただでさえ、写真を撮ったりスケッチをしたりでのんびりした歩みが、いっそう途切れ途切れになってしまいます。

「西城区老幹部活動站」という門牌の前で、また足が止まりました。ここは、退職した老幹部たちのクラブです。中では胡弓や象棋、また太極拳やダンスといったそれぞれの趣味に熱中する「老」青年たちの活気が満ちあふれていることでしょう。

ふと横に目をやると、「茶」と言う文字を大書した白壁。表に回って、奥のウィンドウを眺めると、「英徳（イントウ）紅茶」のパッケージ。広東省で生産される有名な紅茶ですが、北京の街角で見るのは珍しいので、一歩店内に入ります。紅茶でも「祁門（チーメン）紅茶」の方は「キームン」とか「キーマン」と呼ばれて、日本でもおなじみのもの。さっそく、

——いらっしゃい。（もちろん中国語）

と、店内の年若い男女が 2 人、奥から現れます。もうお昼なので、どうやらちょうど肉まんをほおばっていたところのようです。

——欸（エイ）、你好（ニーハオ）（こんにちは）。

と一声かけて、棚の上の茶缶に目を走らせます。香碧螺（シアンピールオ）——1 斤 250 元。ふむ、なかなか良さそうです。男の店員はこちらの興味を察して、

——見てみますか？

日本円で 500 グラム約 5000 円は、これまで買ったものの中でも最高クラスです。わずかにジャスミンの花が入っていますが、ほとんど気になりません。さて、そのお隣は。

牡丹繍球（ムータンシュウチュウ）——1 斤 320 元。これは、茶葉が小さな球状に丸められていて、蓋付きの茶碗で溢（い）れると牡丹の花のように開きます。これまた澄んだ水色の美しい緑茶で、高級な香りが漂います。さっそく、1 両（50 グラム）ずつ買うことにしました。

しかし、極め付けは、茉莉茶王（モーリーチャーワン）——1 斤なんと 600 元。白毫（バイハオ）とか銀針（インチェン）と呼ばれる芽茶にジャスミンの香りを含ませています。もちろん、花の破片（かけら）はどこにも見えません。「王」の名に恥じない逸品中の逸品です。碗の中で、ゆらりゆらりと動くさまは、翡翠の舞のよう。

老舎には屯緑（トンリュイ）、魯迅には竜井（ロンチン）、郭沫若には峨眉毛尖（ウーメイマオチェン）、そして梅蘭芳にはやはりこの茉莉茶王がふさわしい。茶は人

なり——そんな気がします。

花茶、もう一杯いかがですか？

(1993. 11)

紹興の街角から

杭州から東へ60キロほど行くと、紹興市があります。そう、左党なら「紹興酒」、文学愛好家なら「魯迅（ルーシュン）」、はたまた書道家なら王羲之の「蘭亭序」を思い浮かべることでしょう。そのほかにも名所旧跡が少なくありません。

1991年3月13日の午後、私たちを乗せた大型バスは、杭州の望湖賓館を出発し、一路紹興へと向かいました。汽車なら1時間半ですが、列車の本数が少ないので、早めに出てバスで行くことにしたのです。鉄路と並行して走るのですが、そのスピードの速いこと速いこと、道路の凸凹を横切るたびに、大きくバウンドしてジェットコースターのように上下します。この道が主要な産業道路であるため、荷物を満載したトラックが次々とすれ違っていきます。途中、何度か事故、故障の車や溝に飛び込んだトラックなどを目撃しました。おちおち昼寝もままなりません。

それでも無事紹興市に入り、紹興飯店に宿をとります。目の前が濠（クリーク）で、裏手が山（府山、越王殿がある）。古代の邸宅の風格が漂う静かなホテルです。

翌朝早く、息子と近所を散歩しました。さすがに「江南の水郷」といわれるだけあって、水辺のたたずまいは情緒豊かです。川沿いの大通りをしばらく行くと、紹興市第一中学がありました。折から登校時刻で、門の前には当番の学生たちが一列に並んで、やってくる同級生たちに明るく声をかけています。しばらく眺めていると、何だか不思議な気分になってきました。どの子も、誰かにとてもよく似ているのです。そう、青年時代の魯迅（周樹人）によく似た顔が、あちらにもこちらにも立っているのです。

紹興は、魯迅の生まれ故郷ですから、その旧跡の数は数えきれないほどです。魯迅記念館、三味書屋、咸亨酒店など、はては、通りにも「魯迅路」と命名されています。

そんな魯迅の作品中に描かれた風土や生活などを解説、紹介した本が『魯迅の紹興』(木山英雄訳、岩波書店)。これは魯迅記念館館長の裘士雄氏をはじめ、当地の黄中海、張観達氏などが中心になってまとめたものです。内容も「人名」「歳事」「年末年始」「嫁入り」「葬儀」「帽子」「川船」など22項目にわたり、興趣が尽きません。絵や写真も添えられ、楽しい読み物になっています。

さて、昼前に「沈園（シエンユエン）」にも足をのばしてみました。魯迅記念館から東へ200メートルほど行った洋河弄にあります。ここは、宋代の詩人陸游が紹興二十五年（1155年）に、母に迫られて離婚した相思相愛の前妻、唐琬と偶然再会した美しい庭園です。このとき陸游はすでに王氏と再婚して三児の父となっており、唐琬も趙士程と再婚して鬱々たる毎日を過ごしていました。唐氏は陸游の姿を見つけると、酒肴を下僕に持たせ、陸游の所へ届けさせました。二人は互いにことばを交わすことなく別れ、陸游は沈園の壁に次の詞を一首書きつけました。

釵頭鳳(さいとうほう)

宋・陸游

紅酥手、	紅酥(こうそ)の手、
黄縢酒、	黄縢(こうとう)の酒、
満城春色宮墻柳。	満城の春色宮墻の柳。
東風悪、	東風(はるかぜ)悪く、
歓情薄。	歓情薄し。
一懐愁緒、	一たび愁緒を懐(いだ)きて、
幾年離索。	幾年(いくとせ)離索(はなれわか)れり。
錯、錯、錯。	錯(あやま)てり、錯てり、錯てり。

【春もたけなわの頃、君と二人で郊外へ出かけたね。君のきゃしゃで美しい手が、僕の杯に酒を注いでくれたっけ。でも、無情な春風が、二人の仲をさいて、離ればなれになること幾年。ああ、もう取り返しはつかない。】

春如旧、	春は旧の如く、
人空痩、	人は空しく痩(や)せ、

涙痕紅浥鮫綃透。	涙痕紅く鮫綃を浥して透る。
桃花落、	桃花落ち、
閑池閣。	池閣閑かなり。
山盟雖在、	山盟在りと雖も、
錦書難托。	錦書は托し難し。
莫、莫、莫。	莫し、莫し、莫し。

【春はあのときのまま。でも君はすっかり痩せ、何度も涙でハンカチをぬらしたことか。桃の花も散り、春も暮れようとして。君との永遠の誓いは、今もなお胸に秘めるも、それを伝えるすべもない。ああ、もうだめだ。】

「錯、錯、錯」「莫、莫、莫」という畳みかけるフレーズに、陸游の激しい胸の中がにじみ出ています。後にこの詞を読んだ唐氏は、これに和する詞をつくり、苦悶のうちに短い生涯を終えました。

園中をひとめぐりし、六朝井を眺めて冠芳楼に到ります。ここは一階が茶室になっていて、店番の老人が竜井茶をすすめてくれました。うす暗がりの中で茶をすすりながら、ふと奥に目をやると、老境の陸游が微笑んだかのように見えました。するとその老人の口から「你慢慢儿喝吧（ゆっくりと召し上がり下さい）」というやさしいことばが漏れ、静かにたゆとうて広がっていきました。

（1991. 4）

汨羅（べきら）の思い出

3月の末に、湖南省長沙市から一通の手紙が届きました。折しも、3月初旬の旅の疲れで床に就いていましたので、フトンの中で封を開くと、「端午の節句」に屈原ゆかりの地・岳陽で開催される、国際シンポジウムへの案内状。もちろん、端午の節句といっても旧暦の五月五日ですから、6月の中旬にあたります。テーマは、中国古代の南方の歌謡集『楚辞』の作者である屈原と中国と世界文化について考える、というもので、14日から18日までの開催。世界各国からの学者の参加するシンポジウムを中心に、ドラゴンボートレースの参観や屈原祠、岳陽楼、洞庭湖などの名所旧跡めぐりも含まれています。

汨羅と聞いて、思わずたまらなくなつかしくなりました。もう7～8年も前のことになりましょうか。屈原の故地をたずねて、長沙、汨羅、岳陽、武漢を旅したことがあります。そのときの春景色がくっきりとよみがえってきました。エメラルトグリーンの汨羅江の川面。いちめんに開いた菜の花の黄色い絨毯。朱色あざやかな屈子祠の堂屋。

もうひとつ忘れられないのは、長沙から汨羅に行く途中、昼食をとるために立ち寄った小さな人民公社の招待所（ゲストハウス）で、戦前からずっと住んでいる日本人女性と出会ったこと。おだやかな笑顔を絶やさず、久方ぶりの日本語をゆっくりと、かみしめるように話されました。過ぎ去った歳月をいとお

三峡小景・湖北・1992

しむかのように。縁あってこの地に至り、縁あってそのまま住みつづけているのでした。

昼食をすませ、屈原が自身を投じたとされる汨羅江で小石を拾い、次の目的地岳陽へと向かいました。岳陽は、洞庭湖と長江が接するところにあり、軍事・交通上の要衝として古くから栄えました。杜甫の詩「昔聞く洞庭の水、今上る岳陽楼。呉楚東南に坼(さ)け、乾坤日夜浮かぶ。親朋一字無く、老病孤舟有り。戎馬関山の北、軒に憑(よ)れば涕泗流る」(『岳陽楼に登る』)で有名な岳陽楼があります。しかし、私が着いた日の少し前から解体修理が始まっていました。その日の夕方、私たちの目の前に立ち現れた岳陽楼は、皮や肉をはぎ取られた、骨のみの姿になっていました。私たちは、なすすべもなく、遙かに君山島の望まれる軒にもたれ、洞庭湖に沈んでいく美しい夕日をじっと眺めていました。

その夜、私たちが泊まったのは「雲夢賓館」と名付けられた近代的なホテル。やはり唐の詩人孟浩然の詩に、「気は蒸す雲(うん)夢沢(ぼうたく)、波は撼(ゆる)がす岳陽城」(『洞庭に臨む』)とあるように、古代の大湿地帯である「雲夢沢」からその名をとったものです。その範囲については古来さまざまに言われていますが、今日の武漢を中心として湖北・湖南両省にまたがる大湿地帯だったようです。翌日、岳陽駅から汽車に乗り、武漢へと向かいます。特急で3時間、距離にして200キロというところ。そのほぼ中ほどに「咸寧(シェンニン)」という駅があります。

その「咸寧」にある「五七幹部学校」に、1969年の末、一台のトラックが着きました。荷台には、年老いた文化人たちが乗っていました。この文化人の「精華」の寄り集まった文化部の「五七幹部学校」には、沈従文、張天翼、謝冰心といった錚々たる人々がすでに到着していたのです。その今しがた着いた人々の中に、劇作家陳白塵氏がいました。

硬骨の人として知られる陳氏は、3年間をそこで過ごし、10年後の1983年にこの幹部学校の生活を回顧して、『雲夢断憶』という文章を書きました。その時の生活を、鋭い風刺の精神と巧まざるユーモアによって、生き生きと描き出しています。

4月の初め、長沙のシンポジウム事務局へあてて、返信の便りを出しました。

「残念ながら諸事繁忙にて参加はかないません。成功をお祈り申し上げます」

封筒がポストの底で、静かにポトンと音を立てました。

(1991.5)

長江の水　蘇州の庭

数日前、蘇州から友人が帰ってきました。その第一声は、このところ降り続く大雨で、長江の水かさが増して危険なんです――という意外なニュース。さっそく家内に、「江南地方が大洪水なんだって」と告げると、これまた意外な返事が返ってきました。「何言っているんですか、今朝の朝刊に大きく出てましたよ」。そこで、あわてて朝刊を広げてみると、なるほど、写真入りで特派員の報告が載っています。

皆さんは長江の洪水といってもピンと来ないかも知れませんが、氾濫するのは黄河だけではありません。あの李白が「惟(た)だ見る長江の天際に流るるを」(『黄鶴楼にて孟浩然の広陵に之くを送る』詩)といった広大無辺の長江でさえも、しばしば大洪水を起こします。自然の猛威とでも言いましょうか、もちろん樹木の乱伐などによる人災の部分も少なくありませんが、やはり圧倒的な自然のエネルギーが、町も村も一挙に飲みつくしてしまうのです。

昨年の黄山行の帰りのこと。ローカル列車で屯渓(トンシー)を発ち、長江沿いの町、蕪湖(ウーフー)へとやって来ました。翌朝早く、フェリーの船着き場へ行くと、川面が表面張力でふくらみ、いまにもあふれんばかり。思わず身震いがして、家族一同顔を見合わせてしまいました。川の水は、もちろん人々に数多くの利益を運んできます。しかし時には、恐ろしいほどの災いをもたらすのです。

翌朝、蕪湖駅で汽車に乗り、蘇州へと向かいましたが、窓の外はびしょびしょの雨。気も滅入らんばかりです。幸い蘇州駅に着くころには雨は止んでいましたが、駅前は一面のぬかるみです。その中を大きな荷物をひきずりつつ、やっとの思いでタクシーを拾い、ホテルの姑蘇飯店へ着きました。このホテルは、お隣の蘇州飯店や近くの南林飯店のような立派な建物とは違い、カマボコ型をした兵舎のような安普請ですが、なかなか気に入りました。それというのも、ここに宿泊するのは、ほとんど華僑の人たちなので、住む方はともかく、食事がとてもおいしいのです。寝る方は今ひとつでも、レストラン（中国語では餐庁（ツアンティン））の方がよければ、文句は出ません。その逆でしたら、たいへんなことになります。ですから、ここの食事は安くておいしいのです。我が家ももちろん、食事第一ですから、このホテルは大歓迎です。

翌日、雨と風がひどくなりました。何と台風接近のニュースです。ひょっとすると、長江が氾濫するかもしれない――町中が警戒体制に入りました。予定では、無錫（ウーシー）へ車で行き、太湖遊覧を楽しむつもりでしたのに、市内へ出るのも危なくなってきました。もし大洪水が起こったならば、観光どころの騒ぎではありません。上海へ行くことも不可能になってしまいます。

午前中はまんじりともせずに、部屋に閉じこもっていました。子供たちは退屈して、廊下を行ったり来たり。昼食もホテルですませ、少しのんびりしていると、幸運にも風と雨が少し止んできました。ここぞとばかりに、すぐ近くにある「網師（ワンシーユ）

園(エン)」へ出かけることにしました。

蘇州は、「園林都市」という別名があるほどの庭園の多い町です。拙政園、西園、留園、獅子林……。こう並べていくと中国料理屋のリストみたいですが、天下に名高い庭園が目白押しです。しかし、最も好きな庭園はと聞かれたら、迷うことなくこの「網師園」を挙げます。それほどこの日の印象は強烈でした。

雨を避けるように急ぎ足で入口へたどりつくと、切符係の女性がもう帰り支度をしています。それでも無理に頼んで中に入ると、さすがにお客さんはまばらなようす。園内は三つの部分に分かれ、中央の池をぐるりと取り囲むようにして回廊がめぐらされています。この庭園は、広さから言えば拙政園の7分の1ぐらいしかありませんが、明代の粋を凝らした精緻なつくり。そこに配された調度家具も、紫檀や黒檀を用いた、趣味の良い品々ばかりです。

下をひとめぐりして、入口近くの、奥の階段をぎしぎし軋ませながら上っていくと、池を見下ろす茶室になっています。5人分のお茶を頼み、籐の椅子に腰かけ、ほっと一息つきます。やがて運ばれてきた蓋付きの茶碗を傾けながら、窓の向こうを眺めていると、雨滴が竹の葉にたまって、時折ざっと流れていきます。外のさわがしさとは打ってかわった、静寂の世界。

翌朝は、台風一過。

抜けるような青空をふり仰ぎながら、上海へと向かいました。

(1991. 7)

長江水滔々たり

7月28日、私たちを乗せた中国東方航空公司のエアバス300は、一路上海へ向かって飛んでいきます。今回の旅の目的は「長江三峡下り」。そう、日本風に言えば、「揚子江の三峡下り」です。

中国では、揚子江のことを普通、「長江（チャンチャン）」と言います。そして、上流、中流、下流の各地域では、その土地の古くからの呼び名を使ってさまざまな呼び方をします。「揚子江」もその中のひとつ。揚州付近の流れをさして、そのように呼んだのです。

上海に1泊。夕飯後、バスの窓から市内観光です。うだるような暑さ、たぶん夜でも30度以上はあるでしょう。町の人々は大通りのそこかしこに縁台ならぬ椅子を持ち出して、みんなで「乗涼（チョンリャン）」、夕涼みです。飲物やアイスキャンデーを売る店、西瓜やバナナを並べた屋台、裸電球のなつかしい灯の下で、家族がのんびりとくつろぎ、団扇がゆったりと揺れています。

翌朝は快晴。紺碧の空へ向けてDC9が重慶へと一気に上昇していきます。眼下にはまるで立体地図のような、山、山、山。川、川、川。窓の外は雲ひとつない、どこまでも青い大気圏です。約2時間ほどして、無事に郊外の新空港に着陸。外は何と40度。でも中国の「三大ストーブ」といわれる重慶ですから、夏はだいたいこのくらいの暑さとか。明日からは、その暑さの中をいよいよ船出です。

8月30日、午前8時30分。あたりを震わす汽笛とともに、「長江明珠号」は、四号埠頭を離れていきます。4700トンの巨体を左右に少し揺らせながら、黄濁した長江の流れの中を1300キロにわたる船旅が始まります。この中国が誇る豪華客船は、今年の3月にクルーズを始めたばかり。5層からなる船室とエアコン、プール付き。重慶から上海まで2479キロを10日前後で往来します。もちろん、上りと下りでは進む速度が異なりますから、要する日数もかなり違います。今回、私と友人3人と団体旅行グループの一行は、重慶から4日かけて岳陽まで（1354キロ）下り、岳陽からまた4日かけて重慶へ（1122キロ）戻りましたが、約1日近く違うことになります。もちろん、途中、いくつかの場所に停泊し上陸しますから、その時間も含まれています。

私たちが、最初に上陸したのは、鬼（亡霊）の城（まち）といわれる「豊都」です。ここは、もと「酆都」、古く漢代には「平都」と呼ばれた町で、豊都山の坂道には、寺院や廟宇が連なり、山頂の天子殿には閻魔様をはじめ、道教の神々の塑像が祭られています。古くから、人が死ぬとここへ集まると言い伝えられ、あの世への通行手形であるお札を求めて、各地からの参拝者が絶えません。

この天子殿の脇にある「望郷楼」に登ってみました。木造の物見やぐらで、長江に臨み、絶景です。入口にいた老爺は、はじめ「5元の入場料が要る」と言っていましたが、しばらくおしゃべりをして仲良くなると、「何だ、おまえたちは外国から来たのか。それなら、金は要らん。上りなさい、上りなさい」と、にこやかに入れてくれました。江上をわたってくる涼風が、全身の汗をやさしく拭うように吹き過ぎていきます。

翌日は、終日船内での講義と実習。中国のことば、唐詩の世界、古文字学入門、扇面画の歴史と実習、長江流域の歴史と文化、三国志の群像など、盛り沢山のメニューです。今回の私たち4人の旅は、長江の美しい景色を眺めつつ、講義を聞いたり、実習に励んだりというユニークな企画です。

ところで、私たち4人と書きましたが、実は重慶から岳陽までは3人でした。重慶に着いた夕方8時頃、そろそろ北京から画家の陳平さんが到着するはずだと待っていたところ、電話のベルの音。急いで受話器を取り上げます。

――喂々（もしもし）、陳平（チェンピン）さん、着いた？

――松岡老师（せんせい）、対不起（ごめんなさい）。まだ北京です。

——えーっ。怎么了（どうしたの）？

話は、こういうわけです。北京空港には時間通りに着いたのですが、「工作証（職場の身分証明書）」のほかに、「身份証（国家が発行する身分証明書）」が必要だとのこと。これまではそんなことはなかったのに、と急いでとりに戻ったのですが、結局乗りおくれてしまったというわけです。

こうして、1人を欠いたまま、船は三峡を過ぎ、葛州壩ダムをへて、第3日が過ぎました。この夜は、船長主催の夕食会、ダンスパーティー、そしてまた宴会。乾杯、乾杯の応酬の中で、ベッドに倒れ込んだのは夜中の1時です。

ふと、目がさめて、時計を見ると、明け方の6時。そう言えば、6時半に城陵磯（チョンリンチー）（岳陽の港）に着くはずだったと思い出して、あわててカーテンを引きました。すると、くもったガラス窓の向こうに、城陵磯の埠頭がボンヤリと見えます。目をこらして見ると、誰かが立ってこちらを見ているようです。向こうの人物もカーテンの開いた窓に気づき、ゆっくりと手をふり始めました。

陳平です。陳平さんが立っているのです。

私は、あわてて着替えると、下のデッキめがけて、階段を飛び下りていました。

（1992. 8）

朋友（ポンヨウ）と茶葉（ちゃよう）

埠頭に立っていたのは、まぎれもなく陳平さんでした。

何しろ4700トンの巨体が接岸するのですから、かなりの時間がかかります。手を伸ばせばすぐ届きそうな距離で、私たちは微かにほほえみながらじっと立っていました。

「来了（きたね）」と私。

「嗯（うん）、来了（きたよ）」と陳平さん。

やがて渡り板が置かれ、小さなボストンバッグを左右にさげて、陳平氏が船に乗ってきました。私は、合う船員の誰彼となく、「他来了（ターライラ）。他来了」と話しかけながら、3階のフロントへ案内します。何とか予定通り、中国画の授業が実現しそうです。部屋で熱いお茶を淹れながら、北京からここまでやって来た道中の顛末をたずねました。以下は、彼の話――。

北京から岳陽までの汽車の切符を買おうと思い、旅行社に連絡してみたが、すべてダメ。あきらめかけたところ、そう言えば、昔絵を教えた人物で北京駅に勤めているのがひとりいたことをふと思い出した。急いで電話をすると、とにかく明日の出発時間に来てみればと言うので、行ってみたところ、「硬座（インツオ）（二等車）」に乗っけてくれた。一昼夜乗って岳陽に着き、私たちが宿泊する予定のホテル「国際大厦（クオチーターシャ）」へ行ってみたところ、そんな団体は知らぬというので、とにかく昨夜この埠頭に来て簡易旅館に泊まり、明け方からずっとここで待っていた——。

なるほど、捨てる神あれば拾う神あり。まことに、いや本当に中国らしい話です。2人の友人は、しばしあっけにとられて聞いていましたが、私自身もこのようなことはよく経験します。中国で暮らしていくには、何よりも「朋友（ポンヨウ）（友達）」が大事です。北京の中南海に住んでいるような偉い「朋友」ばかりでもダメ。お店のおばさん、郵便局のお兄ちゃん、守衛のおじいちゃん……、ありとあらゆる「朋友」が必要なのです。私のように、家族で北京に暮らしていた人間には、これが第一の財産。

岳陽では、明珠号は半日停泊。私たちと乗組員の一部（食堂のお姉さんたち）は、岳陽市内の観光です。旅行社のバスに分乗して、一路市内へと向かいます。外は、やはり40度。『三国志』で知られる魯粛の墓や竜舟レースをする東湖を見たあと、岳陽大厦ホテルで昼食。レストランには冷房が入っていますが、ビールは冷えないので、コップに氷を入れて注ぎます。他の団員諸氏もバテ気味で、食事が今ひとつ進みません。でも、何とか食事を済ませて、ホテルの売店へ出かけていきました。

このホテルには、2階と1階に売店があり、上は土産品、下は衣料雑貨を扱っています。ほとんどの人たちは、2階で陳列ケースをのぞいています。私はざっと眺めてみましたが、とくにこれといったものもないので、下へおりてみました。

洗剤、電池、ハブラシ、カバンと暗い店内を眺めていくと、地元の客が2、3人たまっているところがあります。おやおや、と近寄ってみると、なんと「君山銀針」の新茶があるではありませんか。それも特級です。

中国のお茶、というとすぐ「ウーロン茶」を思いうかべる人が多いのですが、「花茶（ホワチャー）」と呼ばれる茉莉花茶（ジャスミンティー）や紅茶（「祁門（チーメン）」＝キームンも有名ですね）もあり、江南地方では何と言っても緑茶です。緑茶も、産地や加工のしかたによってさまざまな品種があります。

この「君山銀針」は洞庭湖中の君山島で採れる、針のように細く撚られた緑茶です。「銀」がついているのは、柔毛のついた芽だけを摘んでいるために、白く光って見えるからです。この逸品の名は、天下に広く知られ、やや伝説化しているほど。今回の旅では、重慶で「峨眉毛峰」の特級も手に入れましたが、葉の色、香り、味ともにいずれも噂にたがわぬもの。船中では茗茶をたっぷりと味わいました。

（1992. 9）

菜の花の旅——西安から成都へ

今度の旅は、西安、成都という古都をめぐり、土地の風味を満喫するのがねらいです。もちろん、彼の地の友人を尋ねるのも忘れずに。

3月14日、北京着。翌日、さっそく西安行きの飛行機に乗ります。私たちを乗せたボーイング737型機は、少し揺れながらも無事に離陸、水平飛行に入ります。まもなく、機内食のジュースとトレイが運ばれてきます。実は12時過ぎに離陸したので、空港のレストランで軽く食事を済ませてきました。たぶん食事は出ないだろうし、出ても味にはあまり期待できないだろう、という見込みからです。

しかし、これが実に美味しいのです。会社は中国民航ですが、これまでになく美味しい。よく見ると、国際線と同じ食材を使っています。私は賞味しませんでしたが、コーヒーも実に美味しかったそうです。

もうひとつ感心したこと。離陸から着陸まで、ずっと禁煙なのです。したがって機内の空気は新鮮そのもの。そのかわり、トイレで隠れて吸う猛者もいて、時々紫煙が立ち籠めていたこともありました。

西安は小雨。荷物を待っていると、旧知のH氏夫妻が、ゲートの向こうで盛んに手を振っています。西安にやって来たのは、この二人との約束を果たすためでした。もちろん、同行の学生諸君（老若男女）のお目当ては、観光と「餃子（チャオツ）」です。

郊外（咸陽）にある空港からバスで約1時間、なつかしい鐘楼が見えてきました。町の中心にあるこの建物は、その昔、楼上で鐘をついて時刻を知らせるとともに、市民から大いに親しまれてきました。上にのぼると、東西南北、西安市街が一望のもとに見渡せます。

車はホテルに寄らずに直接大雁塔へ。ここは、10層からなるレンガづくりの塔で、かつて『大唐西域記』で知られる三蔵法師の玄奘が、仏典を翻訳した場所です。私は上へはのぼらずに、H氏と少しお茶を飲んで、一足

君山銀針・湖南・1990年代

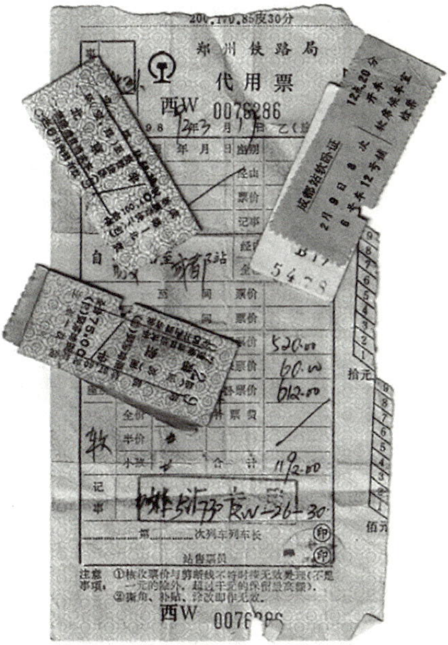

（西安→成都）切符・1987

先にホテルへ向かうことにしました。門前でタクシーをつかまえます。すると助手席には中年の女性がひとり。もう「下班(シアパン)(退勤)」の時間でもあるし、雨も降っていますから、おおかた運転手が奥さんを乗せているのでしょう。15分ほど走って、ホテルの西安賓館に着きました。

——Hさん、あの女の人、奥さんかな？

——いいえ、違いますよ。タクシー会社の人ですよ。

——えっ、どうして乗ってるの？

——このごろ、強盗が多いんですよ。とくに、夜は危ないですからね。

その夜は、H氏の大学の幹部とホテルで会食。談論風発、料理も珍味佳肴の数々でした。

西安での2日目は、兵馬俑博物館、秦の始皇帝陵、そして楊貴妃と玄宗皇帝のロマンスで知られる華清池と、名所旧跡づくめです。何しろ地面を掘れば、必ず昔の遺物が出てきてしまうのですから、どこを掘ればよいかというよりも、どうやって掘らないで済ませるかが優先します。秦の始皇帝陵の上も、一面の石榴(ざくろ)林や小麦畑。兵馬俑も、農民が井戸を掘っていて偶然見つけたのだといわれています。

3日目は、朝早く乾陵(チィエンリン)に出かけました。外はしんしんと冷えて、雪もよいです。中国製のバスは、暖房を入れると煤煙を吹き出します。それでも何とか咸陽市へたどりつきましたが、先の方で交通事故があり、1時間ほど待ちましたが、結局あきらめて西安へもどりました。そして碑林（陝西省博物館）を見学した後、夕食をとって、成都行きの列車に飛び乗ります。

乗り終えると同時に発車した列車は、昆明行きの直快（急行列車）で、私たちは一等寝台にあたる「軟臥（ルワンウォ）」です。乗り込むのが遅かったので、遠く離れたふたつの車両に分かれて一夜を過ごしました。宝鶏（パオチー）市をすぎたころから眠りにつきましたが、左右に大きく揺れます。

夜中の3時頃。ふと、ある山の中の小さな駅に止まりました。そっとカーテンを開けてみると、小さな電柱からうっすら光がもれています。その向こうに何やらぼおっと黄色い帯が見えます。よく目をこらしてみると、それは何と一面の菜の花畑でした。もう四川省に入ったのです。

（1993. 3）

『三国志』の旅

列車は、西安（シーアン）から宝鶏（パオチー）をへて、剣閣山の切り立った峡谷を無事に通過し、四川省へと入ります。成都へ向かう下りの最初の駅が、綿陽（ミイエンヤン）。綿陽といえば、「詩仙」と呼ばれ、わが国でも知られる李白の生地のひとつとして有名です（というのは、他にも生地だと名乗りをあげ、記念館を作ってしまった所がいくつかあるのです)。

李白は、青年時代から旅に出ますが、この蜀の地をこよなく愛し、数多くの故郷を思う詩を残しています。その一つ。

静夜思

唐・李白

牀前看月光	牀前月光を看る
疑是地上霜	疑うらくは是れ地上の霜かと
挙頭望山月	頭(こうべ)を挙(あ)げて山月を望み
低頭思故郷	頭を低(た)れて故郷を思う

この詩は、中学、高校の教科書にも採られ、文字通り人口に膾炙していますが、五言四句20字の中に、万感の思いが込められています。

寝付かれぬ夜をベッドの上で過ごす李白。その枕許へ、窓の隙を通して白い月明かりが。ふと手をかざすと、それはまるで天から降ってくる霜のよう。その明かりの先に目をやれば、今しも山の端に大きな月が昇って。思わず故郷の山を、月を、そして親しき人々の面差しを思い起こして、ひたぶるにさびしさがこみ上げるのです。

四川省は、古来、多くの文人墨客を生んできました。漢の司馬相如、唐の李白、宋の蘇東坡父子、近代の郭沫若をはじめ、枚挙にいとまがありません。また、唐の杜甫は、彼の地で数年を過ごし、長江を下って、洞庭湖に到り、その一生を終えました。成都では、杜甫がかつて住んでいた草堂跡が修復、拡張され、「杜甫草堂」として公開されています。

ところで、成都にやってきたのには、もうひとつ大きな目的がありました。それは、諸葛孔明を祭った「武侯祠」の参観です。人形劇やアニメの『三国志』でもおなじみの孔明は、最近の若い女性にも大変人気があります。今回の旅行団のメンバーの中にも、大ファンが２人もいて、成都駅へ着くなり、大いに盛り上がっています。

ホテルの成都飯店へ荷物を下ろし、まずは「文君街（ウェンチュンチィエ）」へ食事に。ここは、司馬相如と駆け落ちした美女卓文君にちなんだ由緒ある通りですが、現在では北京の琉璃廠のように改装されて、古い街並みを残したレストラン街になっています。一軒一軒の外観は古色豊かで、時間をかけてのんびりと歩けば、さぞかし愉快でしょうが、この夜は雨もようで肌寒く、すきま風でもふるえるほど。さっそく、「文君酒」という白酒（パイチュウ）（スピリッツで、アルコール度数は50度以上）を頼み、四川料理に舌鼓を打ちます。

四川料理といえば、すぐに「辣（ラー）（からい）」というイメージが浮かびますが、実はそうではありません。唐辛子のからさなら、湖南省などの方がもっと強烈です。ここでは、むしろ山椒を使った「麻(マー)（しびれ）」が特徴です。皆さんがよくごぞんじの、「麻婆豆腐(マーボートーフ)」は、唐辛子の辣油の上に山椒の粉が山盛りにかかっているのが正しいのです。

さて、次の日の午後おそく、とうとう「武侯祠」へやってきました。先ほどの2人はもう有頂天で、歓声をあげて門を入っていきます。門をくぐると、もちろん蜀の劉備の像が祭られていて、そして、その後方には、諸葛孔明とその子供たちの像。黄昏の光の中で、静かに遠方からの客を迎えています。庭内の樹木は若葉を伸ばし、回廊の軒を拂い、湖面に垂れています。

私たちは、のんびりと庭内をまわり、集合場所の亭子(あずまや)にやってきましたが、そこは小さな本屋になって、ちょうど電気をおとして、片付けを始めたところ。急いで軒先へ寄り、一番高そうな書物を指さしました。もう夕闇がせまって、文字がよく読みとれないのです。

それは、『四川茶舗(スーチュワンチャープー)』という写真集でした。四川省には、茶館とか茶舗と呼ばれる喫茶店（文字通りお茶のみを出す）が数多くあります。老若男女が昼となく夜となくそこへ集まって、一杯のお茶と一皿の茶菓子でひねもすおしゃべりに興じます。この一帯は竹が名産なので、机も椅子も竹製で、屋根も竹を組んだり、竹林をそのまま利用したりします。もちろん商談もOK。歌や踊り、民族楽器の演奏もあったりして、長い一日がゆるゆると暮れていきます。

この写真集、一冊150元という値段（日本円で3000円くらい）はなかなかのものですが、モノクロの深みのある一枚一枚の中に、四川の人々の暮らしぶりが鮮やかにとらえられています。

（1993. 5）

私と中国40年

第四章

去りし日は夢の如く

黒米と書法――溥老の思い出

溥老（プーラオ）――愛新覚羅・溥傑。

映画『ラスト・エンペラー』でおなじみの清朝最後の皇帝・溥儀（プーイー）の弟、さらには現代中国の「三筆」として世界的にその名を知られる書家の一人です。

溥老にはじめてお会いしたのは、もう10年も前のこと。

場所はと言えば、「仿膳飯荘（ファンシャン）」。北海公園の中にある、清朝の宮廷料理で名声を馳せるレストランです。その眼前には、満々と水をたたえた北海（といっても海ではなく、湖）、後ろを見上げれば優美に空に伸びる白塔（パゴダ）。あたりの景色にすっかりとけ込んで、まるで清朝の時代に逆戻りした気分になります。

ここは、清朝の厨師（チューシー）（コック）をしていた料理人が1925年に店を開いたもの。その料理の味を決めるのに、溥老が立ち会ったとか。敷居をまたいで一歩中に入ると、どこもかしこもすべて溥老の字です。その、筆の先端を巧みに駆使する清朝宮廷風の書は、建国後も人々に大いに喜ばれて、現在の北京の街角の至るところでお目にかかります。

さて、10年前に北京で暮らし始めてしばらくすると、友人の数もしだいに増えてきました。もともと北京には少なからぬ数の友人がいたのですが、家族でおつきあいする友人はまれでした。その友人の中の何人かに頼まれて、北京電視台（北京テレビ局）の「速修日本語読解講座」の顧問をすることになりました。ものの勢いというものは恐ろしいもので、家内もその講座の発音講師として何回か出演し、現在でも中国全土で放映されています。友人の話では、「飛鳥（フェイニャオ）老師は、とても有名だ」とか。たぶん、私の何十倍も有名ではないかと思います。

その講座の全体がほぼできあがった一日。この講座の開幕式が行われることになりました。場所は、中南海の近くにある軍の病院の応接室で、迎えの車に乗って行ってみると、門のわきには銃を持った兵士が立っています。車から降りると、軍服や軍帽を付けた医師や看護婦、お供をつれた老幹部らしい患者たちが、廊下を行き来していて少し緊張します。それでも案内について奥へ行くと、院長がニコニコしながら出迎えてくれました。会場の応接室にはライトもたかれ、テレビ局や新聞社の人たちが多数詰めかけ、その喧しいことといったら。一緒についてきた子供たちは、すこしおびえて、私や家内の手をぎゅっと握りしめています。

著名人、高級幹部などにつぎつぎに紹介されて、名刺の交換、握手の連続で手が疲れるほど。最後に、そっと差し出されたやさしい手の持ち主になぜかほっとします。ふと、その方の顔を見上げると、どうも昔どこかでお会いしたような気分です。友人のＥさんがすかさず、

——松岡先生、こちらが溥老です。

——溥老？えっ、溥傑先生ですか？

と中国語で聞き返すと、

——ええ、そうです。私が、溥傑(ふけつ)です。

と美しい日本語の返事。思わず声を失ってしまいました。

開幕式は、予定通り順調に終わり、さっそくお昼ご飯です。車は、歩いても何分とかからない北海公園に向かいました。

さて、北海公園に着くと、義和団事件で有名な団城のわきの入口から入ります。そして、湖にそって回廊をゆるゆると歩いて行くと、「閲古楼（『三希堂法帖』の名で知られる多数の碑が集められている）」に出ます。私は、この庭のたたずまいがとても気に入って、幾度となく訪れています。さらに、左手に湖水をながめながらもう少し行くと、まもなく「仿膳飯荘」の正門。その両側には、溥老の手になる対聯が懸かっていて、古風な建物とよく調和しています。

ほどなく全員が到着して、中国式のにぎやかな宴会が始まりました。わたしは、何とメインテーブルの溥傑さんのとなりです。そのわきには、わが息子。現地の小学校の三年生です。溥傑さんは、食事のあいまに息子にやさしく話しかけています。きっと、緊張をときほぐしてあげよう、という思いやりなのでしょう。

次から次へと運ばれてくる名菜佳肴に、舌鼓を打ちます。昼からビール、ワイン、白酒で乾杯、乾杯、また乾杯。あっちでもこっちでも談笑の渦です。そんなまわりの気分に誘われて、ついうっかりと、

——溥傑先生、この中にはずいぶん先生の書がありますね。

と、口にしてしまいました。

すぐに我に返り、思わず固唾（かたず）をのんでいると、先生は、

——いやあ、はずかしいです。字は下手なんですけれど、みんなが持っていっちゃうんですよ。ぼくは、あまり気が進まないんですけど。

とにっこり。すかさず、

——先生、この黒米のおかゆ、とってもおいしいですね。

——はい、とってもおいしいです。私も大好きです。栄養があるんですよ。

——どこで採れるんですか。

——西安。昔は、皇帝が食べたのです。今では、誰でもここに来れば食べられますけれど。

毎年、北京に来るたびに、そして北海公園の畔を歩くたびに、いつも甘い黒米のおかゆが食べたくなります。そして、黒米を味わうたびに、いつも溥傑先生のことをなつかしく思い出します。

(1996. 1. 17)

郭老(クオラオ)と「紅焼海参(ホンシャオハイシェン)」

「郭老(クオラオ)」をご存じですか？

もし、あなたが中年以上の中国学者でしたら、きっとこう答えるでしょう。

——ああ、知ってる。郭沫若のことだろう。

うーん、惜しいですね。私が言っている「郭老」とは郭沫若(1892 ～ 1978) 氏のことではないのです。郭沫若氏は、たしかに魯迅と並んで、日本でもよく知られた学者、詩人、書家です。尊敬の念をこめて、姓の後に「老(ラオ)」をつけて「郭老」と呼んだのです。

私の知っている「郭老」は、郭布羅(クオプールオ)・潤麒(ルンチー)さん。つまり、「ラスト・エンペラー」溥儀(プーイー)の夫人・婉容(ワンロン)の弟のことです。もう、80数歳になるというのに、まだ50代半ばの活力にあふれ、ユーモアたっぷりの人柄で、誰にでも好かれる偉丈夫です。太縁のサングラスをかけ、黒々とした毛髪をポマードでかため、

美味しい「紅焼海参」

実に見事な日本語を話します。生まれつき器用で、稀代のグルメですから、中華四千年の味を知る人物として、世界中の料理店から招かれています。先日も日本のテレビ局にインタビューされ、元気な姿をブラウン管の中に現していました。

郭老と初めて知り合ったのは、やはり10年前の北京に住んでいた折です。

北京に赴任してしばらくたった10月の初旬。日本から大事なお客様が来られるとの知らせが入りました。学生時代から懇意にしていただいている方々で、1日だけ北京に滞在したあと、西安へ飛んでいくのです。観光案内は現地のガイドさんに任せるとして、宴会の方をなんとかしなくてはなりません。せっかく北京に来られるのですから「さすがに本場の中華料理！」と唸(うな)ってもらえるものを何とかしたいものです。

ところが、その頃はまだ外国人向けのホテルやレストランは少なく、あったとしても法外な値段ですから、私の予算では、とてもとても。

そこで、何人かの中国人の友人と連絡をとってみました。北京ダックや「涮羊肉(シュワンヤンロウ)（羊のしゃぶしゃぶ）」では、ちょっとね、という返事。どうせなら、もっと手作りのものを用意したいのです。すると、夜中に友人のＹさんから、電話がかかってきました。

——松冈老师(ソンガンラオシー)、いいとこがありそうです。

——場所は、どこなの？

——ちょっと、説明しにくいんですけど、大丈夫です。

——どうすれば、いいの？

——私の方で迎えを出しますから、友誼賓館で待っていてください。あちらへは、こちらから迎えを出します。

——わかりました。拜托(パイトゥオ)、拜托（どうぞよろしく）。

さて、その日の朝。ちょっと、困ったことが起こってしまいました。朝方、息子たちと縄跳びをしていたところ、怪我をしてしまったのです。いえ、息子ではなく、私の方です。ひょいと飛んだはずみに、私の唇に息子の石頭がぶつかり、ぱっくりと裂けてしまったのです。急いで、賓館の中の診療所へ走っていったのですが、女医さんは一目見るなり、

——ああ、ここではダメダメ。手術はできません。

とつれない返事。患部が患部だけに、出血がなかなか止まりません。困りはてているところへ、またまたＹさんからの電話。

——松冈老师、どうしました。

——ひやは、はの、ふひをひっひゃっはの（いやあ、あの、口を切っちゃったの）。ほはっひゃっは（困っちゃった）。

何しろ、下唇を動かせませんから、何もかも「は行」になってしまいます。

——明白了（ミンパイラ）（わかりました）。お迎えに行きます。

30分ほどして、Ｙさんが「上海（国産ブランドの乗用車）」でやってきました。Ｙさんは、もともと女医さんですから、あわてずさわがず、私を車に乗せます。

——ふひのひゃほふは、ほうふるの（うちの家族はどうするの）？

——不要紧（プーヤオチン）（だいじょうぶ）。あとで直接会場へ行けるように手配します。

——ほひあ、ほうもはりはほう（そりゃどうもありがとう）。

さて、北海公園の近くにある病院で、手術（何針か縫ったのです）をしてもらいましたが、麻酔を打った上に、充血して、たらこのおばけのような唇です。あごをうごかすと、ぶるんぶるんと震えてます。とりあえず応急処置を終え、休む暇なく宴会の会場へと向かいました。

会場といっても、狭い胡同（フートン）の奥にある民家。「四合院（スーフーユワン）」と呼ばれる集合住宅の二部屋が宴会場です。下は土間で、部屋にはそれぞれ、簡単な机と粗末な椅子が配されています。椅子は近所から借りてきたらしく、一つずつ形が異なっています。すでにお客さまたちは到着していて、それぞれ席についていますが、やや緊張と不安の面持ちです。こんな見すぼらしい長屋で、何を食べさせられるんだろうと、心なしか言葉少なげに見守っています。

——やあ、いらっしゃい。今、この「合格」くんとしゃべっていたの。

——「ほふはふ」っへ（「合格」って）？

——息子さん、なかなかしっかりしているね。

郭老が奥の席で、息子の頭をしきりになでています。

——お父さん、この人とずいぶんおしゃべりしてたんだけど、「合格」の「格」ですって紹介したら、「合格くん」になっちゃった。

やがて乾杯を皮切りに、老北京（ラオベイチン）の晩餐が始まりました。シェフは20代の女性で、つい最近全国コンクールで一位になったとか。食器は質素ですが、見た目にもしっかりした作りの料理が次々に並べられていきます。私の方は、何しろ下唇が動かせませんから、ニコニコしながら、眺めているだけ。無念の極みです。すると、隣の部屋から

——松冈老师、这个没问题（チュイ ゴ メイウェンティー）（松岡先生、これは大丈夫）

と声がかかりました。目を上げると、大きな白い皿の上に醤

油で味付けられた「海参（なまこ）」がたっぷりと盛られています。

郭老はそれを小皿にとりわけ、

——你（ニー）、慢慢儿吃吧（マンマンルチーバ）（ゆっくりお食べなさい）

とすすめてくれました。少しさましてからレンゲにとり、そっと口に入れてみました。うーん、ふわっとしたかたまりが、ゆっくり融けていきます。

これほど美味しい海参は、これまで口にしたことがありません。

その夜は珍味佳肴づくしで、一同大満足でした。「海参」の料理は難しいのです。干物をもどすのですが、煮すぎると融けてしまうし、その逆だと硬くていけません。

それにしても、その夜の私の唇は、「たらこ」というより「海参」に似ていたかもしれません。その後、郭老には何度もお会いしましたが、そのたびに、あの夢のような「紅焼海参」を思い出します。

（1996. 7）

琉璃廠（リューリチャン）の街角で——北京の古書店

——先生、本当にいいんですか？

——うん、かまわない。

――じゃあ、買ってきます。

そう言うと、教え子のＳ君は急いでカウンターに走っていきます。

両手に抱えた本の名は、『龍龕（りゅうがん）手鑑』。遼の時代の僧、行均の手になる字典で、2万6430余字を収めています。全四巻。Ｓ君が手にしているのは宋代の重刻本で、商務印書館より影印され、『四部叢刊』の一種として刊行されたもの。影印とはいえ、もとどおり線装本の形で出されており、なかなか味わいが深く価値の高いものです。

1980年の夏。

今から14年も前のことです。

勤め先の大学の学生たちを連れて、北京、西安を中心に2週間の旅に出ました。まず北京に入り、西安、洛陽をまわってまた北京にもどってくるのです。あわただしくも充実した名勝古跡めぐりを無事終え、何とか北京にもどってきました。そして、最後の一日、待望の琉璃廠に出かけることにしました。なにしろ本はかさばるし重いから、旅の最後にしようという約束だったのです。

琉璃廠に着くと、さっそく角の中国書店（古書店）に入ります。近年は大きく拡張されて見違えるほどになりましたが、その頃はまだ庭の中の一角を使っていて、小さな店構えでいかにもさびれた感じです。置いてある本も少なく、じっくり見ても半日とかかりません。かなり埃の積もった一番上の本を注意深

琉璃廠にある中国書店（2018 年）

く下におろし、棚のはしから見ていきます。ふつう、百年より昔のものは「文物（文化財）」扱いになりますから、店頭に並んでいません。もし何かの間違いで手に入れたとしても、出国する際に税関で没収されてしまいますから「君子危うきに近寄らず」です。

ですから、棚の上を占領しているのは、おおむね石印本（多くは、上海の掃葉山房版）です。これは、年代の上では確かにやや古いのですが、紙や刷りは悪いし、おまけに校訂も行き届いていませんから、私たち研究者にとってはあまり価値がありません。その割には、結構いい値段がついていて、ちょっとびっくり。まずは、この石印本をわきに除けていきます。

次に多いのは、建国後の影印本。とくに、商務印書館が刊行した『四部叢刊』（1919～1936年影印・刊行）は逸品です。何しろ大部の叢書ですから、個人で架蔵することは少なく、図書館で一冊ずつ借り出すか、海賊本を端本で買うしか手がありませんでした。ところが、今や目の前に相当な数が積まれているのです。李白がある、杜甫がある、陶淵明も蘇東坡も、いやあ、まさに宝の山です。

Ｓ君もわたしも、さすがに目の色が変わってきました。もう他人のことはお構いなし。夢中でより分けています。ふと気がつくと、Ｓ君の前にもわたしの目の前にも、線装本がうず高く積まれています。

――ほら、見てごらん、面白いものがあるよ。

――ああっ！『龍龕手鑑』だ。どこにあったんですか。

――ここ、ここ。もう一部あるよ。

――本当ですか？あった、あった。欲しいなあ。

――買っておきなさい。損はしないから。

――先生はどっちがいいですか？こっちは、古くて少し汚れていますね。

――わたしは、どちらでもいいよ。

――じゃあ、ぼくに新しいのをください。

ということで、S君は新しい方を持ってカウンターに走っていったのです。

ところが、帰国後のこと。本の包みを開いて「あっ」と声をあげました。なんとそのうす汚れた『龍龕手鑑』の第一葉の右下に「馬叙倫印」とあるのです。それも、あわてて押したのでしょうか、逆さに押されています。

馬叙倫氏は、近代中国を代表する古典学者で、1885 年に浙江省杭州府の生まれ。青年時代に上海に出、革命思想に触れました。各地で教員をしたあと、1911 年に来日。章太炎（炳麟）の紹介により、中国同盟会に加入。まもなく帰国して、1913 年に北京に赴き、北京大学教授などを歴任。その波乱に富んだ生涯は、その自伝『我在六十歳以前』（1983 年、生活・読書・新知三聯書店重排本）などにくわしく書かれています。新中国成立後は、全国政治協商会議副主席などの要職を歴任しましたが、1970 年に世を去りました。『説文解字六書疏証』をはじめ、『老子校詁』など多数の著書を著しています。その大量の蔵書は、おそらく文化大革命中に散逸し、灰燼に帰してしまったことでしょう。

わたしの手元にある一冊もそうした中からこぼれ落ちたものに違いありません。蔵書印が逆さに押されているのはちょっと愛嬌ですが、『四部叢刊』をまとめて購入した時に、書生か事務員がうっかり逆さに押してしまったのでしょう。もし家族が、主人なきあと大急ぎで売り払う前に押したのだとすれば、これほど悲惨な光景はありません（しかし、こうした例も少なくないのです)。ましてや、文化大革命中の死去なのですから。

琉璃廠は、北京の下町である前門の大通りに近く、北京ダックビルで知られる和平門烤鴨店の南にあります。南新華街という南北に走る通りの両側に、東街と西街に分かれています。古く遼代のころには、「海王村」と呼ばれていたようです。元、明、清朝の始めごろには、琉璃瓦を焼く工場がありました。清代の中頃には、工場は郊外に移りましたが、琉璃廠は文化の街として大いに発展します。とくに清代の末頃になると、「春節(旧正月)」には、竈の神様を祭った廟のまわりに市が立ち、大変な人出となります。「北京小吃（お菓子や食品)」、風車やビードロなどの玩具、古書や骨董などの店がぎっしりと並ぶのです。

60年代初めになると、この伝統的な市も停止されてしまいました。それにつれて、琉璃廠も急速にさびれ、見る影もなくなってしまいます。さらに、文化大革命の10年間は古典を扱うことは「反革命」だとされ、激しく攻撃されました。もちろん、古書や骨董品に見向きする人など一人もいません。

琉璃廠にふたたび文化の灯がともり、再建が始まるのは80年代のこと。したがって、わたしたちが80年に訪れた時、さびれて見る影もなかったのには、わけがあったのです。

その後、わたしは毎年何度となく北京を訪れますが、そのたびにかならず琉璃廠に出かけます。もちろん、中国書店、古籍書店、海王村書店といった古書店、絵画や文房具を売る栄宝斎や戴月軒などの老舗が目白押しで、まる一日歩いても足りません。

今年もまた、どんな出会いがありますか、今から楽しみです。

(1995. 5)

廬山から東至へ——陶淵明の故地をたずねて

廬山の昼食は、久しぶりのごちそうだった。青島(チンタオ)ビールも出たし、食用ガエル（「田鶏(ティエンチー)」つまり畑のニワトリという）も出た。廬山会議の舞台となった劇場のすぐ隣、廬山大厦に開店したばかりのレストランは、サービス・料理ともに出色のものだった。

山南公路を通って廬山を下る。

廬山を下るのは、これが2度目だ。つまり、昨年（1984年）3月に武漢から馬鞍山まで船で下った時に一度立ち寄っている。その折には、上りも下りも九江からの北の道、つまり山北公路を使った。今回は（つまり1985年8月のことだが）、いずれも南の道を使う。

廬山。海抜1474メートル。東晋から宋にかけて、高僧慧遠（えおん）が東林寺を創建し、浄土宗を起こした地として知られる。尋陽柴桑の人である陶淵明が生まれたのは、この廬山の南麓である。『飲酒』詩其五にいう、

採菊東籬下　　　菊を採る東籬の下
悠然見南山　　　悠然として南山を見る
山気日夕佳　　　山気日夕に佳く
飛鳥相与還　　　飛鳥相与（あいとも）に還る

今その地めざして、われわれを乗せたワゴン車は山道を下っていく。通遠、荊嶺をへて、隘口に至る。ここが、南の南昌と東の星子県への分かれ道だ。途中、荊嶺から隘口へ行く道の指ょうど中ごろで停車。現地の随行員が、東に二子山を指さし、

——あそこが陶淵明の生地です。

という。ひとしきりカメラのシャッター音がつづく。現地は軍事基地になっており、立入禁止のようだ。

隘口で左折して、東に進路をとる。温泉を少し過ぎたあたり

で左折し細い道に入る。酔石を見学。携帯温度計は39度を指している。そこからまた本道にもどり、少し走ると、左に香爐峰が見える。李白が、

日照香爐生紫煙	日は香爐を照らし紫煙生ず
遙看瀑布挂長川	遙かに看る瀑布の長川を挂(か)くるを
飛流直下三千尺	飛流直下三千尺
疑是銀河落九天	疑うらくは是れ銀河の九天より落つるかと

（『廬山の瀑布を望む』）

とうたった、南の香爐峰である（白居易の詩句「遺愛寺の鐘は枕を欹(そばだ)てて聴き、香爐峰の雪は簾を撥(かか)げて看る」で有名な香爐峰は、北の香爐峰）。

さらに東に向かう。星子県の町並みに入り、左折して北上する。五里碑から海会に近づくあたりで、同行のＳ君が、

――あっ、五老峰が見える。

と叫ぶ。またいっせいにシャッターの音。外は快晴で、ぬけるような青空。思いきり夏だ。だが、ワゴン車の車内は、日本製の新車に気をよくした運転手が、目いっぱいにクーラーをきかせているため、冷蔵庫に座っているようなひどい冷えかた。

やがて、高壟、威家を過ぎ、九江と湖口への三叉路で現地の随行員を下ろし、右折して東へと進路をとる。やがて、湖口の渡し場に出る。廬山のレストランから湖口まで、120キロ。ここまでの道筋は、われわれ以外にも通った人がいるに違いな

い。だが、ここから東至への道は、中華人民共和国成立後に日本人旅行者が通るのは、恐らく最初だろう。身の引きしまる思いで船を待つ。

湖口。中国最大の淡水湖である鄱陽湖と長江が接する、湖水の出入口である。鄱陽湖は、古くは彭蠡、あるいは彭沢と呼ばれた。南北は 170 キロ、東西は 74 キロに及ぶ。

渡し場は、幅 2 キロ、10 分足らずで向こう岸に着く。岸を離れると、右手に鞋山が見える。やがて対岸に蘇軾『石鐘山記』で名高い石鐘山の塔が見え、しだいにそれが大きくなると、もう到着だ。

一路彭沢へと向かう。このあたりから、まわりの景色が廬山の付近とはだいぶ異なってくる。なだらかな山並みが続き、左手には長江の川堤が長くのびている。土の色も廬山あたりの痩せた赤れんが色から肥沃な茶色に変わった。5 時 12 分、彭沢県の市内に到着。湖口を出たのが 4 時 15 分だから、約 1 時間、距離にして 41 キロを平均時速 40 キロでやってきたことになる。廬山から湖口までは、アスファルトで舗装してあったので、快適なドライブだった。だが、湖口から先は、小石とホコリの多い一般道路のため、時速 40 キロといってもかなり飛ばしてきた感じだ。

現在の彭沢県が、陶淵明が県令をしていた彭沢でないことは、すでに事前の調査で分かっていたので、なるべく早く通り過ぎることにした。だが、いったん下車したついでに、旅社

（外人向けでない一般のホテル）のトイレを借りる。夕食前の休憩らしく、白いカッポウ衣を着た女性やらタバコをくわえた老爺たちが、放し飼いのニワトリを追いながら、奥に案内してくれる。不意の日本人旅行者に、廊下で出会う人々が目を丸くして立ち止まっている。広い庭や建物のまわりにも、柳の木が多い。ふと、陶淵明『五柳先生伝』の冒頭の句が口をついて出る。

先生不知何許人也、亦不詳其姓字。宅辺有五柳樹、因以為号焉。……

（先生、何許（いづこ）の人なるかを知らず、亦た其の姓字も詳（つまびら）かにせず。宅辺に五柳樹有り、因（よ）りて以て号と為（な）す。……）

18 分の休憩の後、急いで乗車、東至へと向かう。途中、山の中で 2 台のワゴン車のうち、1 台が急停車。だれかおなかをこわしたらしい。見ると、道傍に小さな「公厠（公衆トイレ）」がひっそり立っている。

車外に出てみる。実にすがすがしい眺めだ。大きく伸びをしていると、畑の中から少年が数人あらわれる。上半身ハダカに半ズボン。わたしたちを遠巻きにして、じっと様子をうかがっている。「普通話（プートンホワ）（共通語）」で二言、三言話しかけると、プイと横を向き、さっさと逃げていく。

しばらくして自分たちの車にもどると、こんどはこっちがパンクらしい。仕方がないので、小さなスケッチブックを出して、しばし写生に時を過ごす。

6時10分に馬壋を通過。6時30分、安徽省に入る（ここまで江西省）。この彭沢から馬壋に至る間は、ちょうど長江に夕陽が沈む時刻だった。昨年、馬鞍山采石磯の太白楼（李白が月をとろうとした水に落ちて昇仙したと伝えられるところ）を訪れた時も、ちょうどこの時刻にあたった。江南地方の黄昏の美しさは、まさに筆舌に尽くしがたい。斉の詩人謝朓（しゃちょう）は、その美しさをこう歌った。

余霞散成綺　　余霞は散じて綺（あやぎぬ）を成し
澄江静如練　　澄江は静かなること練（ねりぎぬ）の如し
喧鳥覆春洲　　喧鳥は春の洲を覆い
雑英満芳甸　　雑英（はなばな）は芳しき甸（はたけ）に満つ

（『晩に三山に登りて京邑を還望す』）

車は夕日を背にしてひた走る。そこで、われわれは首を巡らして、大きく上下に揺れながら、ただ声もなく夕日を見送っている。晩唐・李商隠の『楽遊原』の詩にいう、

夕陽無限好　　夕陽無限に好し
只是近黄昏　　只だ是れ黄昏に近し

6時42分、張湾を通過。東至県に近づく。ここで、東至県という耳なれない地名について、ちょっと説明しておこう。

南朝宋の義熙元年乙巳というから、西暦でいえば405年の11月、生計の資を得るためにやむなく彭沢県の県令（知事）となっていた陶淵明は、

吾不能為五斗米折腰向郷里小人。吾（われ）、五斗米の為に腰を折り

郷里の小人に向う能わず。——安月給のために、田舎の青二才に頭を下げることなどできぬ。

という有名なセリフを残して、故郷の尋陽柴桑に帰った。彭沢に赴任したのは同年の8月であったから、序にもあるように、わずか「80余日」の役人づとめだった。翌年、義熙二年の春、帰郷の折の感懐を織りまぜて、『帰去来兮辞并序』を書き上げている。この作品は『文選』巻四五に収められ、わが国でも古くから広く知られて親しまれてきた。漢文の教科書になど取り上げられることも多いから、

帰去来兮　　　　　帰りなんいざ
田園将蕪胡不帰　　田園将(まさ)に蕪(あ)れなんとするに胡(なん)ぞ帰らざる

で始まる名調子を記憶している方々も、少なくないだろう。

東至こそは、その陶淵明が当時県令をしていた町、彭沢である。われわれの東至行の目的は、実はこの町のはずれ、長江のほとり東流鎮にある陶公祠をたずねることにあった。その東至県のもう一方の町外れの大橋へと、今やってきたのである。

東至からの随行員たちは、その橋のたもとでわれわれを待っていた。到着が遅れたので、3時間も待ち続けていたという。もう日はすっかり暮れて、あたりは暗闇の中。その夜の宿である東至県の招待所に着いたのは、8時を少し回った頃合いだった。

中華人民共和国成立後初めてやって来た外国人団体客、それも夜になって不意にやってきたわれわれを前にして、招待所の

人々がどれほど動転し、また心をくだいてくれたかは想像に難くない。もろもろの手続きを終えて玄関を出ると、満天に降り注がんばかりの星が輝いていた。

翌朝、4時半起床。あたりはまだ、どっぷりと夜の静寂の裏。5時出発。われわれを乗せた（というより積み込んだ）マイクロバスは、ようやく明るくなり始めた朝靄の中を、ライトを点滅させながら東流鎮に向かう。

陶公祠は、長江にそって学湖、七里湖と呼ばれる2つの美しい湖に囲まれた風光明媚な地にある。祠の前には5本の垂柳、後には菊の畑と古塔、そして淵明が菊花に灌するために水を汲んだといわれる菊江が一すじ流れている。淵明は彭沢の県令としてここで菊を植え、詩を賦したといわれる。後の人々は、淵明の高潔な人柄をしのび、明の万暦元年（1573）に祠を立て祭ったが、明末の戦乱によって破壊され、清の順治二年（1645）に再建されたという。

陶公祠は、早朝の淡い光の中にひっそりと立っていた。がらんとした堂内には真新しい肖像画と風景画がかけられ、あとはわきの小室に数点の地方志が陳列されるのみ。外国人がやってくるのは最初だとのことで、参観券もにわか作りのものだ。あとは文字どおり「がらんどう」で、この国における政治と文学のありようのすさまじさを如実に物語っていた。

昨日の疲れと睡眠不足で、頭が少しも動かない。当地の文化局の係員の説明を聞きながら、熱い茶をすする。身体がまったく鈍感になっている。ぼんやりとしていると、随行員の一人が耳打ちして、何か揮毫をせよとのこと。お茶をすすりながら、陶淵明の『移居』の詩を書き上げてその責めを塞いだ。

ふたたびマイクロバスで招待所にもどる。朝食後、わざわざ日本から持ってきた『安徽概況』（安徽科学技術出版社、1984年）の陶公祠のページを開いてみる。すると、何度も読み返していたはずの記述の中から、これまでほとんど気にかけることのなかった次のくだりが、目にとび込んできた。

……陶淵明は、「五斗米のために腰を折る」ことが嫌になり辞職した後、州や郡が人を派遣して自分を捜し出すのを恐れ、この東流鎮に逃げて来て隠居し、菊を植えた。『池州府志』によると……

いま、『帰去来兮辞并序』を見ると、「彭沢は家を去ること百里」とあり、「情は駿奔に在り、自ら免じて職を去る」とある。さらに、本文の小舟で帰りゆく部分、

舟遙遙以軽颺	舟遙々として以て軽く颺（あが）り
風飄飄而吹衣	風飄飄として衣を吹く
問征夫以前路	征夫に問いて以て路を前（すす）み
恨晨光之熹微	晨光の熹微（かそけき）を恨む

などから、辞職を決心した淵明が、思い立ったが吉日と、その夜のうちに彭沢から尋陽に一目散に逃げ帰った、と解釈していたわたしは、激しい衝撃をうけた。たしかに、隘口から東至

まで、陸路で約 200 キロ余り、机上の地図で見るかぎり、さほどのものではないように思われるこの距離が、昨日 8 時間近くかけてやってきたわたしには、たしかに言いようのなく遠いものに感じられた。淵明は本当に一夜のうちに帰ることができたのであろうか。その他の条件はさておくにしても、この距離は大きな困難として横たわっている。

当時の舟の速度がどのくらいのものであったか、われわれは知るすべをもたない。しかし、もう少し後の記録からは、推測する手だてがある。

南宋の乾道六年（1179）の 7 月 28 日、夔州通判として赴任するために四川省奉節県に向かった陸游一家を乗せた船は、この地東流県を過っている。翌 29 日、風に阻まれて馬擋港に停泊。8 月 1 日烽火磯を過り、彭蠡口（湖口）に着いたのは 8 月 2 日であった。東至から湖口まで、およそ 3 日を要している（『入蜀記』巻三による）。淵明の故郷である尋陽までは、なお湖口から星子まで舟で行き、さらに陸路で行かなければならない。脚疾、つまり足の持病をもっていた淵明には、かなり困難な小旅行であったに違いない。

『帰去来兮辞并序』に書かれた距離と時間は、いわば文学における距離であり時間である。それは必ずしも現実の距離や時間とイコールではない。

現実の距離を走り、現実の時間を体験することによって、文学作品に描かれた距離や時間に肉薄していくこと——われわれが陶淵明に導かれてここにやってきたのは、実はこのことを発見し、体験するためだったのかもしれない。忽然としてたちあらわれてきた旅の重さを乗せて、われわれのマイクロバスは、一路祁門（チーメン）へと向かった。

（1986. 6）

40

私と中国40年

| 第五章 |

中国紀行（2015～2018 年）

西湖の驟雨（にわかあめ）

今年の7月の初めのこと。

杭州の西湖のほとりのホテルのテラスで、暗い空から降りしきる霧のような雨を見ていました。

さっきから、もう2時間ほど待っているのに、タクシーがまったく来ないのです。わたしたちの先客の中国のおばさんたちは、「夕方のショーを見に行く予定なのに、いったいどうしてくれるの」と、切符を振りかざして、ホテルのベルボーイたちに喰ってかかる始末。わたしたちも、国際会議のレセプションに駆けつけなければならないのに、まったくお手上げです。

そうは言っても埒があきませんから、同行のHさんが、遠くの友人に電話で頼んでくれ、ようやくタクシーのアプリに連絡がつきました。30分ほどして、なんとか乗り込んだ車中で

西湖小景・杭州・2015

の会話。

——運転手さん、タクシーなかなか拾えないね。

——雨だし、そっちのホテルの方向には、みんな行かないよ。

——確かに、道も狭いし、車も多いね。

——杭州の渋滞は、なんたって「中国一」だよ。

*

わたしが、杭州を初めて訪れたのは、1980 年代のはじめ。今から、35 年ほど前のこと。まだエアコンも少ない時代で、8 月の夏休み中でしたので、恐ろしく蒸し暑く、午後の数時間、町中に参観に出ると、シャツが汗だくになり、絞ると汗がしたたるほどでした。

今回は、杭州の大学で開かれた国際シンポジウムへの出席です。夏の盛りですから、きっと蒸し暑いだろうと覚悟してはいたのですが、なんと台風11号の襲来で、雨がひどく降って、外気温は20度前後。肌寒いくらいです。

午前中の学術報告を終え、ランチを済ませると、さっそく西湖遊覧へ。

まずは、その後も何度か泊まった、なつかしい杭州飯店に向かいます。今は、外資系のホテルが運営していますが、前回泊まった7、8年前に比べると、ちょうど午後のオフタイムのせいか、ひっそりとしています。東館でタクシーを降り、すぐ目の前の船着き場から、遊覧船に乗って、「三潭印月」で知られる小瀛州にわたります。人民元の一元札の裏側の絵で知られるこの名所は、西湖で一番大きな島で、岸から10分ほどで到着。船を下りると、さきほどから厚い雲に覆われていた空から、ポツッ、ポツッと雨粒が落ちてきました。

まあ、「雨も亦た奇なり」だね、とタカをくくっていたのですが、小径をたどっていると、雨脚がしだいに強くなってきました。三潭印月の石塔をバックに、記念写真におさまる頃には、もう雨傘のはじから雨がしたたる始末。

急ぎ足で小径を折り返すと、ちょうど白堤・孤山碼頭行きの遊覧船が入ってきました。これ幸いにと乗り込んだのですが、窓の外は、まるで「黒雲墨を翻し」、「白雨珠を跳らせて乱れて船に入る」（宋、蘇軾『六月二十七日望湖楼酔書五絶』詩句）の再現です。なんと、雨音の激しいこと。横なぐりの風で、ガラスの窓越しに、すさまじい景色です。それでも、船に乗り合わせた30人ほどの観光客は、「雨ニモ負ケズ、風ニモ負ケズ」、各地のなまりでおしゃべりに興じ、ビニールの白カッパを取り出したり、折りたたみ傘を広げたり、大変な盛り上がりよう。千里、万里の道を遠しとせず、中国各地からはるばるやって来たのですから、たかが雨ぐらいでしょげているわけにはいかないのでしょう。

船着き場で船を上がると、そこは浙江省博物館前。わきには、清朝の『四庫全書』で有名な文瀾閣もあります。この辺りは、雨もよいでなければ、西湖を眺めながら、そぞろ歩きに絶好の場所ですが、こんな土砂降りの中では、どうにもなりません。

仕方がないので、水たまりを避けながら、ふらふら歩いて行くと、そこは杭州料理の名店「楼外楼」本店。夕食にはまだ早いので、雨宿りの客が外にまであふれて、タクシー待ちをしています。今夜が、レセプションでなければ、そこで名菜に舌鼓を打って、のんびり帰ればいいのですが、そうはいきません。濡れそぼちながら、西泠橋を渡ると、左右に「蘇小小」（南朝・斉代の名妓、唐の詩人李賀の詩『蘇小小歌』で知られる女性）

の墓。とても参観する余裕などなく、急いで先ほどのホテルに駆け込みました。

*

さて、翌日の朝。友人の案内で、名刹、霊隠寺に出かけました。午後には、高速列車で上海に行かなければならないので、やや慌ただしい参観です。

小雨の中、あちこちが工事中でぬかるんでいます。おぼつかない足取りで、

天王殿、大雄宝殿などを参観し、すべりやすい石畳の参道を、注意しながら下ります。ここで転んだりしたら、もう大変。

山門を出ると、すぐわきに楼外楼の分店がありました。昼にはまだ早いのか、人影もまばらです。友人は、わたしたちを案内して、ずんずん奥へ入っていき、真ん中のテーブルに陣取ると、さっそく注文。もちろん、「東坡肉（トンポーロウ）（豚肉の角煮）」「竜井蝦仁（ロンジンシアーレン）（小エビの竜井茶葉いり塩炒め）」「清蒸鯡魚（チンジョンシーユイ）（ヒラコノシロの蒸し料理）」。いずれも、この店の名物料理です。そうそう、必ず「炒青菜（チャオチンツァイ）（青菜炒め）」も忘れずに。

窓の外の雨音に耳を傾けながら、静かにお茶をすすりつつ、昨日残念ながら見送った名物料理を、ここでゆっくりと味わうことが出来ました。まさに、「功徳無量」でした。杭州駅に向かう車の中で、思わず合掌。

（2015. 7）

大江東に流れゆき

皆さん、明けましておめでとう存じます。

じつは、この原稿を書いているのは、師走の初めですが、まもなく歳末、そして正月を迎えることになります。ところで、昨年の 11 月の中旬は、何と 11 日間にわたる長い出張でした。まず、11 月 9 日に羽田を出て、上海に入り、北京、天津を経て、武漢に到着。そこで、講演会や大学院での集中講義をこなして、ふたたび上海に。上海で 1 泊して、帰国したのは、19 日の夜。さすがに、ヨーロッパを一周してしまったかのような気分です。

その武漢での日曜日。朝から、H さんの友人の車で出発です。めざすのは、『赤壁賦』で知られる蘇東坡の赤壁の古蹟。蘇東坡は北宋を代表する詩人、文章家です。皆さんのよく知っている「三国」の赤壁の戦いで有名な古戦場「赤壁」は、武漢から岳陽に向かって長江を半分ほどさかのぼったところとされていますが、今回の「東坡赤壁」は、逆に長江を武漢から 70 キロほど下った古の「黄州」、現在の黄岡市の町外れにあります。

市内から少し坂を登った竜王山の山麓に車を止め、ふと振り向くと、「東坡赤壁」の扁額をかけた小さな門が、少し傾いてお出迎え。門票は大人 40 元、子供 20 元。思ったより小さな門（山門）ですが、それをくぐると、すぐ下は赤い土をした城壁がむき出しになっています。まもなくやってきた案内嬢の話では、東晋時代の城壁の跡とか。かれこれ 1700 年ほど前のもの。

ひとたび石段を下って、再度上ると、「東坡赤壁」の黄色の門。それをくぐり、ゆっくりと中に入ります。まずは、前、後『赤壁賦』で知られる「二賦堂」の参観。二賦堂は、清朝の初めに再建されたもので、正面には、李鴻章の手になる扁額が掲げられており、其の下には『前赤壁賦』（正面）と『後赤壁賦』（裏面）が、それぞれ楷書と隷書で刻まれています。この『赤壁賦』は、我が国でもかつてはよく知られており、屏風に揮毫されるものの中では、諸葛孔明『出師表』と一、二を争うほどの人気ぶりでした。

次に、坡仙亭へ。水面にせりだすかのような姿勢で眺め下ろすと、赤い断崖に「赤壁」の字が刻まれています。このあたりは、古く「赤鼻磯」と呼ばれて、「鼻」と「壁」の発音が同じことから、いつしか「赤壁」に転用されたようです。

さて、もう一つの見所は、棲霞楼からの景色。狭い階段を上り、3 階まで行くのですが、こじんまりした建物なので、黄鶴楼ほど大変ではありません。さらには、ウイークデイだったせいか、人影もまばら。3 階の欄干に手をついて、西北を眺めやると、はるか地平線のあたりに長江の細長い流れがうっすらと見えます。その手前には、何と中学校の建物や庭があり、長江の流れを阻んでいます。もし、いつの日か、この学校の脇を掘り、長江の水を引くことができれば、船遊びなどして蘇東坡の

棲霞楼・黄岡・2015

往時を偲ぶこともできそうです。

さて、お昼は黄岡市の繁華街にある大東方酒楼で、ご当地の名菜に舌鼓。もちろん、「東坡肉」は絶品でした。

次に向かったのは、さらに東の蘄春（きしゅん）県にある李時珍（1518 ～ 1593）の記念館。李時珍は、明代末年の博物学者で医師、『本草綱目』の著者です。記念館に着く頃には、うっすらと雨模様になって来ました。雨湖の傍らの、牌坊（大鳥居）が見えたのですが、近づいてみると、あちこち大工事中。そこかしこに縄が貼られ、立ち入り禁止になっており、職人さんたちは敷石を敷き詰めたり、一輪車で砂を運んだり、とりつく島もありません。

――すみませーん。この工事は、いつまでですか？

——来年の春節までだね。そこから入っちゃだめだよ。今、石を敷いたばかりだから。

せっかく遠路はるばるやって来たのですが、これは、もう仕方がありません。せめて、完成予想図でもカメラに収めて帰るとしましょう。ふと見ると、なつかしいホンダ製のバイクがあります。つい、何枚か写真を撮ってしまいました。

おおむね見終わって、車にもどり、ドアを開けようとすると、背後で声がします。

——向こうに、李時珍のお墓があるよ。ちょっと、見ていけば。

ふり返ると、さっきのバイクにまたがったおじさんが、タバコをくわえながら、あごで先の方を指示しています。

——謝謝（シエシエ）（ありがとう）！

という私の返事を聞くともなく、エンジンをふかして行ってしまいました。その後ろをついて行くと、数百メートル先に、郭沫若（1892～1978、著名な文学者、歴史家）の手になる記念碑と、李時珍の半身像（まだ、お披露目前で赤いビニールがかけてあります）、そしてその奥の石段を登ると、父の墓と並んだ李時珍の墓が鎮座していました。手入れもよく行き届いていて、前にはお線香や花の供えられた跡もあります。

そのわけは、蘄春市街に入ると、すぐに納得がいきました。「時珍大飯店」「時珍大薬店」「李時珍大街」、至るところ、どこもかしこも「李時珍」まさに、李時珍がこの町の守り神のように、人々に福をもたらしているのです。

車を止めて、「時珍大薬店」に寄り、ちょっと話を聞いてみます。

——你好（ニーハオ）（こんにちは）。このお店、創業からどのくらいになりますか？

——20数年ですよ。そんなに古くありません。

——そうですか。ところで、お手洗いを借りたいんですが。

——うちにはないね。そこの城門を出た向かいに、きれいなトイレがあるよ。

言われたとおりに、城門を出て、車道をわたると、この辺りでは珍しいコンクリート製の立派な公衆トイレがあります。そこで用を足して、目の前の土手に上ってみました。

すると、どうでしょう。そこには、長江の滔々たる流れが一面に広がっています。何と、ここは蘄春の船着き場だったのです。かつては、長江の水上交通の要地として、人、物資、情報が盛んに行き来し、繁華を極めた古い港町。まさに、「大江東に流れゆき」の広大な眺めが眼前に広がり、長江の水面には、大小様々な船舶が、絶え間なく行き来しています。

しばらく川風に吹かれていると、犬を連れた老婦人や少年たちがふざけあいながら、私の背中を過ぎていきました。長江は、このように百年、千年、いや何万年もの間、人々の喜びや悲しみを、静かにやさしく眺め、やがてゆったりと押し流して行ったのでしょう。

長江晩景・蘄春・2015

まもなく、私たちを乗せた車は、夕闇と雨脚の迫り来る中を、武漢に向かって高速道路をひた走り、漢口の旧市街にもどっていきました。

(2015. 12)

香港の夢——過ぎ去りし日の旅

2 月の末、久しぶりに香港に出かけました。

久しぶりと言っても、前回は昨年 6 月ですから、まだ 1 年も経っていませんが。

――じぃじ、見てみて。こんなにきれいな貝。

――ボクのだって、こんなかわいい石だよ。

ふと、気がつくと、ウトウトしていたようです。孫たち 2 人に、揺り起こされました。

ここは、香港島スタンレーの一角、ひっそりとした砂浜の波打ち際。中国語で書けば「赤柱」、かつては島の南東の端にある小さな漁村でしたが、やがてその突端の岬に監獄ができ、次第に発展して、何と今では高級住宅地や人気観光地になっています。その商店街の喧噪から少し離れた、まったく人気のない小さな砂浜で、波とたわむれている孫たちをぼんやり眺めているうちに、いつしか初めて香港にやって来た、若き日の旅のあれこれを思い出していました。

＊

それは、今を去ること 38 年前、1978 年 3 月のこと。

私たち一行 33 人を乗せたルフトハンザ機は、土砂降りの雨の中、羽田空港を離陸して飛ぶこと 4 時間 30 分、台湾上空を横切り、やがてスモッグに煙る香港の啓徳（カイタック）空港に着陸しました。かつて世界で最も危険な空港の一つと言われたこの空港、そこに着陸するためには、獅子山をかすめて、林立する雑居ビルの中に急角度で突入しなければなりません。期待にたがわず、夕闇とスモッグの中、スリル満点の着陸で私たちを迎えてくれました。ほとんどが飛行機初体験の私たちは、

赤柱海辺・香港・2016

滑走路で大きくバウンドし、逆噴射と急ブレーキで大揺れするDC10の機体に、危うく「降りた」のではなく、「落ちた」のだと勘違いし、あちこちで悲鳴が上がりました。

この旅行、じつはのんびりとした香港の観光旅行などではなく、そこを経由して中国大陸に入り、広州、上海、南昌、長沙を経由し、最終的には長沙からバスに揺られて故毛沢東主席の生家を参観するという、いわば「中国革命の聖地」をめぐる研修旅行でした。(詳しくは、第二章を参照ください)

さて、香港ではミラマーホテルに宿泊。事前の勉強会では、旅行社のベテラン添乗員に「少し油断するとスリに遭います。新婚の花嫁などは、ちょくちょく人さらいに遭って、いなくなりますよ」と脅かされていましたから、ホテルの前のネイザン大通りなど、こわくて歩けません。ロビーと部屋を行ったり来たり、窓からそっと通りを行き過ぎる人々を眺めていました。

翌々日の朝。電車で羅湖（ルオフー）の駅に向かいます。小さな木造の橋を徒歩で渡ると、そこは深圳の田舎町。まわりを見ても、田んぼと水牛の姿しか見えません。その2年後の改革開放政策によって、この町の運命は劇的な変化を遂げ、今では高層ビルが林立する大商業地域に発展しましたが、当時は広州市の町外れの一寒村に過ぎませんでした。

中国大陸に入った私たちは、ホッと一息つき、

——やっと、泥棒だらけの香港から、泥棒が一人もいない中国に入ったね。

と口々に、小声でささやきあいました。文化大革命中に中国語を学んだ私たちは、そのように教えられ、本当にそう信じていたのです。

——だから、ホテルの部屋もカギをかけなくていいんだね。

——もちろん大丈夫。泥棒なんて一人もいないから。

実は、外国人の泊まっているホテルに、中国の人々が自由に入る事ができないと知ったのは、それから8年後のこと。当時、私たち家族が住んでいた北京の友誼賓館に入るために、私のゼミの中国人学生たちは、いつも正門の脇で「登記」し、身分証明書を預けなければならなかったのです。

さて、広州では、幼稚園や革命史跡を見学し、空路で上海へ。そして、旅の終わりには、また広州から香港に出て、日本にもどったのです。

私の手元には、故毛主席の生家の前で撮られた 1 枚の写真が残っています。そこには、後に日本を代表する中国研究者に育った何人かの青年たちが、緊張の面持ちで写っています。中には、赤い星のついた人民帽をかぶり、人民服を着た女子学生もいます。まさに、革命聖地への巡礼といった風情です。

——先生、その時どうして香港から中国大陸に行ったのですか？

最近、若い学生たちからこう質問されました。

——どうしてって？それしか方法が無かったからだよ。

——へーえ。不思議ですね。飛行機で行けばいいのに。

いえ、不思議でも何でもありません。1978 年は、文化大革命が終わったばかりで、直接中国に入ることは、非常に困難でした。もちろん、観光を目的とした旅行など、まったく無理な相談だったのです。私は、その時 27 歳、初めての中国訪問でした。この旅をきっかけに、私と中国との距離は、急速に接近していきました。

*

ところで、そのおよそ 100 年前の明治十七年（1884）年 8 月、やはり香港を通り過ぎた青年たちがいました。それは、のちに日本近代を代表する、明治の文豪森鴎外と同行の 9 人の留学生たちです。鴎外は、船で横浜から香港を経て、サイゴンやシンガポールに寄港し、マルセイユに到着、さらに陸路でパリへ向かい、ベルリンに到着するまでのようすを、日記風のスタイルで克明に書き記しました。漢詩と漢文を巧みに駆使して書かれたこの渡航日記は、後に鴎外の主宰する医学雑誌に連載され、『航西日記』としてまとめられています。この時、鴎外は 22 歳。その眼に映じた香港の夜景は、どれほど美しかったことでしょう。

舟中不似在家忙	舟中は似ず家に在るの忙しきに
眠足窓前認曙光	眠り足り窓前に曙光を認む
鳴鐸数声催我起	鳴鐸数声我の起くるを催（うなが）し
薦来骨喜一杯香	薦（すす）め来る骨喜（コーヒー）一杯の香り

森鴎外『雑詩二首』其の一

【現代語訳】

船の中での生活は、まったくゆったりとしたもので、東京の家にいた時の忙しさは少しも感じられない。ぐっすり眠って、ふと目が覚めれば、船室の窓のガラス越しに、朝の光がさんさんと差し込んでくる。ボーイがドアをノックする音に、あわてて身支度をすると、「お早うございます。お召し上がり下さい」と、その運んできた一杯のコーヒーの香りの馥郁たること。

鴎外に同行した 9 人は、帰国後、法学や医学の権威となり、近代日本をリードする研究者、教育者となりました。若き日の夢、そして旅が、この香港を起点に始まったのです。

*

——ねえねえ、おなかすかない？

——そうだね、今度は小型バスに乗って行こうか。

先ほどまで、スタンレーで午後を楽しんだ私たちは、岩山の脇を疾走するマイクロバスに揺られて、銅鑼湾（コーズウェイベイ）に向かいました。現地で人気のデパートの近くにある、なじみの中国料理屋さんで、早い目の夕食をとるのです。この日のメインは、何と言っても自慢のスープと「石斑魚（キジハタ）」のお任せ料理。デザートは、もちろん桃まんじゅうと杏仁豆腐です。

またまた、「口福」のひとときでした。

(2016. 2)

開封の精進料理

4月の中旬。30年ぶりに、河南省開封に出かけました。

北京から高速鉄道に乗り、2時間ほどで鄭州駅に着き、そこから河南大学のマイクロバスで、開封にやって来ました。大学の新学区で開かれる、日本語教育学会の大会で講演をするためです。この河南大学の歴史は古く、何と清朝最後の科挙の試験を 2 度も行ったそうです。そればかりではなく、民国になってからは、欧米に留学生を派遣するための予備学校として、多くの秀才を送り出してきました。

旧学区のキャンパスは、奥が広く、堂々たる風格の講堂のほか、往時の隆盛を偲ばせる建物があちこちに見られます。私たちは、国際会議の受付（中国語で「签到」）の前日に着いたので、新学区のホテルには泊まれず、80 年代の宿舎（「招待所」）に案内されました。ここは、かつて留学生宿舎としても使っていたそうで、当時は最先端の建物だったのでしょう。

私たちの部屋は、3 階でしたが、もちろんエレベータはありません。ほかに泊まっている人は、2、3 人でしょうか。翌朝、散歩のときに、1 人だけチェックアウトして出て行くのを見ました。

ただ、チェックアウトも、そこの服務台ではできず、通りを渡って、向かいのレストランの奥に、事務所がありました。

今回、開封に行った目的は、もちろん学会での基調講演ですが、もう一つ大事な目的がありました。それは、まもなく始めようとする『宋詞選』の翻訳のために、かつて 150 年余にわたり北宋の都であった、この開封の空気を是非もう一度吸いたかったからです。

古き土地には、その地ならではの「気」が満ちています。それを、身体全体に浴びて、まるで北宋の「都人（みやこびと）」になって、それから翻訳の仕事に取りかかりたかったのです。

さて、翌日。大学のマイクロバスで、新学区のホテルに向かいます。受付を済ませ、2階の部屋に入りました。窓は北向きのようで、日も当たらず、下のホールの屋根が窓の下まであって、眺望は最悪です。まあ、それでも昨日の招待所に比べれば、天国ですが。

夕方、ホテルのレストランで早めの夕食を取っていると、遠くに雷鳴が響き、雨粒が落ちてきました。そこで、夕方の散歩に出ることもかなわず、部屋に戻って明日の講演の準備に取りかかります。窓の外では、雨脚がどんどん強くなってきました。北宋の秦観『春日』の詩のように、「一夕軽雷万糸を落とす」さながらです。部屋の温度も上がらず、異郷の春も、「今ひとつ」といった風情です。

思い切って、シャワーを浴びることにしました。もちろん、浴槽はありません。それでも、昨夜はシャワーの水はけが悪く、洗面所が水浸しになったことから比較すれば、「天国」です。中に入り、シャワーの栓をひねると、温かいお湯が出てきました。やれやれと安心もつかの間、何かヘンです。身体が、少しベトベトします。ふと見ると、シャワーの栓の横に、紫のシールがはってあります。目をこらしてみると、そこにはこんな注意書きが。

——この水は、地下2700メートルから汲み上げた天然温泉水です。ミネラルを豊富に含んでいて、健康に良いのですが、シャワーから出たとたんは、少し異臭がします。少しすると消えますので、ご安心ください。

この開封の地は、黄河に近く、河や湖に囲まれ、長い間に黄河の土が堆積してできた場所とされます。そこで、私たちのホテルも、古代から堆積した地層の上に在るわけですから、地下を掘ればこのような地下水が湧いて出てくるのです。これには、さすがに驚きました。開封の「気」のみならず、その「(温泉) 水」を全身に浴びることになったのです。

翌朝、主催者のあいさつが終わり、ホテルの前で記念写真をとりました。すると、さっきまで降っていた雨が、突然小やみになり、全員がカメラに収まる頃には、すっかり止んでしまいました。秦観の詩の第二句目、「霽(せい)光瓦に浮かび碧参差(みどりしんし)たり」そのものです。

＊

さて、会議も無事終わり、翌日は市内参観。私たちは、午前中に大相国寺、午後は清明上河園（「清明上河図」を再現したテーマパーク）に出かけました。

大相国寺の切符売り場をのぞくと、「成人: 40元」とあり、その下に「老人: 半額」とあります。試しに、パスポートを出して、おそるおそる、

――あのう、今年65歳ですが、大丈夫ですか？

とたずねると、係のおばさんは、黙ってかぶりを振ります。どう見ても、「高齢者」に間違いないようです。うれしいよう

な、悲しいような不思議な気分ですが、自分から言い出したのですから、仕方ありません。ちなみに、中国語では、「老人」というのは、とてもいい意味です。日本では、わざわざ「お年寄り」と言い換えたりしますが、中国語では姓の後ろに付けて、「○○老人」と尊称したりします。(実は、午後の清明上河園でも、大人 100 元のところが、半額の 50 元に。さすがに、こんどはもう悲しい気分にはなりませんでした。)

さて、大相国寺の参観です。ここは、北斉の天保六年(555)に建立された由緒あるお寺。趙樸初先生の揮毫になる「大相国寺」の扁額が掛けられた堂々たる山門を入ると、天王殿、大雄宝殿、八角瑠璃殿などが建ち並び、まさに大伽藍の壮観です。1987 年の春節、家族とともに訪ねた時には、さびれきって、見るも無残なありさまでした。子供たちも、為すすべもなく、寒風にふるえながら、庭先にあったマジックミラーの箱に入り、ゲラゲラ笑って暖まる始末。今でも、時々、みんなで思い出しては、爆笑しています。

それから 30 年。すっかり再建されて、まるで見違えたかのよう。千手千眼四面観音菩薩に手を合わせ、境内をぐるりと回って、ふと見ると、藤棚の脇にお茶を飲んでいる休憩所が見えました。近づいていくと、そこは精進料理をふるまうお店「素菜館」です。

中国語で、精進料理を「素菜」といいますが、日本の精進料理と違うところは、肉も魚も総て豆腐などで作り、普通の料理と同じよう見えるのです。一見したところでは、まったく区別ができないほど。ちょうどお昼前で、まだお客さんもちらほらでしたので、丸いテーブルを囲んで、メニューをもらい、日本でおなじみの酢豚（中国語では「古老肉」）などを頼みました。主食は、この店自慢の門前そばです。やがて、出てきた料理に、みんなで、驚くやら、ため息をつくやら。カメラが大活躍です。

——本当に、肉や魚にそっくりですね。

——さあさあ、熱いうちに、食べて、食べて。

ならべられた料理を、あっという間に平らげ、周りを見ると、さっきま

素菜佳肴・開封・2016

で人気（ひとけ）の無かった部屋中が満席です。台湾から来たツアーや地方からの親子連れなど、みんなテーブルの上の料理を眺めています。こちらは、ひそひそと小声で、

——あれっ、みんな食べませんね。

——料理が冷めちゃいますよ。

すると、まわりのお客さんたちは、逆にこちらを怪訝（けげん）そうに見つめています。その時、私たちの中の１人が、思わずテーブルの端をたたきました。

——そうかぁ！ここはおそばが名物なんだぁ。

まさにその通り、ほかの皆さんはメインのおそばが出てくるのを、じっと待っていたのです。私たちが、主菜だと思っていたのは、むしろおそばの脇役でした。

やはり、おそばは「門前そば」に限る、ですね。たしかに、この後に出されたおそばは、信州そばに似た、少し黒いめのコシのある汁そば。まさに、風味絶佳。

またまた、「口福」の旅になりました。

(2016. 4)

西安の夕陽

先週、西安でのお話。

——この公園の中に、阿倍仲麻呂の記念碑があると聞きまし

たが。

――そうそう、有名な「三笠の山に出でし月かも」の歌と、その漢詩の訳が彫ってあるんです。

――だけど、阿倍仲麻呂は、本当に日本に帰りたかったのかなあ？

私の大学の学生たちも、中国へ留学すると、帰るのが嫌になるみたいですが。

――当時は、西安も洛陽も世界でもトップクラスの大都市でしたからね。

西安の興慶宮（こうけいきゅう）公園の横を歩きながら、日本から別の用事で来ていた友人のＭさん、そのお連れのＡさんと気楽なおしゃべりです。夕食の場所は、この公園の東門の向かいで、「西安ダック」が有名なお店。総勢７名で食卓を囲み、美味佳肴を堪能しました。この「西安ダック」は、北京ダックと同じ調理法で、一緒に巻いて食べる甘味噌、キュウリやネギ、それを包む「春餅」もまったく同じですが、ほうれん草の入った「翡翠春餅」の緑の色がとても鮮やかでした。

＊

ところで、西安を訪れたのは、９年ぶりです。

初めて西安に行ったのは、1980 年ですから、もう 36 年も前。その後も、学生諸君と 7、8 回、家族と 2、3 回来ていますから、10 回以上になると思います。

今回は、西安交通大学の客員教授（中国語では「客座」教授）に任命されることになりましたので、その任命式と記念講演を１回、さらに大学院生へのゼミ形式の授業を行いました。残念ながら、東京から西安には直接行くのは難しいので、まずは北京で１泊。翌日、午後の便で、西安の隣町、咸陽（かんよう）市にある空港に到着しました。ホテルは、西安市内の南東にありますから、興慶宮公園のすぐ近くです。この公園は、もと唐の興慶宮のあったところで、白居易の『長恨歌』で歌われた玄宗皇帝とゆかりが深く、楊貴妃も長くここに住んでいたと言われます。

市内に入って、高速道路の高架橋に出ると、ふいに大きな夕陽が目に飛び込んできました。オレンジ色で大きく、まさに「夕陽（せきよう）無限に好し」（唐の李商隠の詩『楽遊原』中の句）です。翌日の夕方も、今度は西安交通大学の構内で、しばらく立ち止まって、眺めていました。北京や西安のように、北方で見る夕陽は、どうしてこんなに大きく、印象的なのでしょう。

＊

翌朝、食事をすませると、一人で近くの「青竜寺」に出かけました。ここは、ちょうど 30 年ほど前に尋ねたことがありますが、その時は、現在のような本堂や塔頭（たっちゅう）はなく、あくまでも青竜寺の跡地で、ただの野原だけだったように記憶しています。

今回、タクシーを降りると、堂々たる門や伽藍が軒を連ね

青竜寺・西安・2016

ています。門をくぐって、まず目の前に現れたのは、「楽遊原（らくゆうげん）」の扁額。なんと、ここは先ほど紹介した詩に歌われた、楽遊原の跡地だったのです。楽遊原は、漢代に作られた楽遊苑がもとで、唐代で長安の町を見下ろす最も高い丘でした。

その奥に、青竜寺の伽藍があります。ここは、804 年に弘法大師、空海が遣唐使の一行に加わって、長安に至り、この寺の高僧であった恵果（けいか）に師事し、約 1 年間密教を学んだゆかりのお寺です。以後、何度かの廃仏の弾圧を受け、最近まで荒れ地になっていました。それが、近年発掘調査が行われ、さらに日本からの参拝客も増え、りっぱな本堂や塔頭が作られたのです。

*

翌朝、大学の南門で待ち合わせて、作家の賈平凹（ジャーピンワー）さんを尋ねます。前回お会いしたのは、2007年ですから、なんと9年ぶり。連絡を取ってくださった陝西省翻訳協会のMさんと、今回いろいろとお世話になっている西安交通大学のL先生、院生のZさん4人で、賈さんの書斎兼アトリエに向かいます。タクシーを降り、少しウロウロしましたが、何とかマンションを尋ねあてました。しかし、ほっとしたのもつかの間、1階でエレベータに乗ったのですが、肝心のドアが閉まりません。部屋は、なんと最上階の13階。これに乗るしかありません。門の脇にいた管理人を呼びに行こうか、などとばたばたしている中に、Mさんが、賈さんに電話してみました。すると、

——ああ、ドアの扉の閉まるところを、思い切りひっぱたいてごらん。

とのこと。ダメ元と、思い切りたたいてみると、ガチャンと音がして、静かに閉まり部屋につくことができました。一同、ほっと胸をなで下ろします。エレベータの降り口では、賈さんがにこやかに出迎えてくれました。

お茶を飲みながら、部屋中にずらりと並べられている仏像、彫刻、家具などを眺めます。前回うかがった時より、部屋全体が少し明るくなり、賈さんの体調も良さそうです。私の『詩経』の訳本を差し上げ、賈さんの近作『老生』について、しばしおしゃべりを楽しみます。この本も、すでに25万部が売れ

賈平凹氏書斎・西安・2016

たとか。日本でも、『廃都』や『土門』などが吉田富夫氏によって翻訳、刊行されています。現代中国を代表する作家の一人です。

部屋は、実は12階、13階が吹き抜けになっていて、13階はアトリエで、書や絵を描くための大きな机を中心に、今書き上げられた墨跡が、壁からたくさんつるされています。2階から降りる階段の脇に、ひっそりと小さな写真が飾られていました。私の大好きなエッセイ『酒』に出てくる、やさしいお父さんの遺影です。いつも、おだやかな眼差しで賈さんを励ましているのでしょう。

お昼は、賈さんにごちそうしていただき、近くの清真餐庁で昼食を取りました。

二階建ての大きなレストランで、2階の個室を予約していただき、牛肉、羊肉を中心に、美味佳肴がずらりと並びました。その美味しさ、調理の細やかさ、どれをとっても私がこれまでいただいたイスラム料理では、三本の指に入る、いや「最高」の料理でした。

まさに、「食は西安に在り」ですね。

(2016. 10)

寧波（ニンポー）から烏鎮（ウーチェン）へ

——先生、こんどはどちらへ？

——上海から寧波、それから烏鎮にも。

——わあ、いいなあ。水郷の旅ですね。

今回は、江南の小旅行のお話。

10月の末から、寧波、烏鎮、上海、さらに北京へと出かけてきました。もちろん、のんびりと旅行というわけにはいかず、いくつかの大学で講演、さらには病院の参観（視察？）、翻訳セミナーの講演など、毎日が移動日です。さすがに、今回は帰国後、風邪をこじらせ、しばらくはひどい鼻づまりに悩まされました。帰国後、何人かの方に、

——上海も、北京のように大気汚染で、大変でしょう？

と聞かれたのは、その鼻づまりのせいかも知れません。た

だ、残念ながら（？）、ここ数年、上海でも北京でも、訪れるたびに好天にめぐまれています。今回も、毎日、眼にしみるようなさわやかな秋晴れを、満喫しました。

10月30日、午前の便で、羽田から上海（虹橋）空港へ。空港からは、タクシーで、上海交通大学の新学区（閔行区（ミンハン））にある宿泊施設、学術交流センターに向かいます。翌日開かれる上海交通大学海外漢字研究センターの開幕式、海外学術顧問任命式に出席するためです。その任命式で、私も日本の国字の中国語音について、短い講演をしました。出席者は、20数名。上海の大学、研究所のみならず、香港や米国、韓国などから招待された研究者のみなさんです。セレモニーは、総合図書館の最上

天一閣・寧波・2016

階の、立派な会議室で、おごそかに進められました。

さて翌日、高速鉄道で虹橋（ホンチャオ）駅から、寧波へ。わずか 2 時間の車中移動です。

かつて寧波に出かけたのは、20 年ほど前のこと。その際には、上海から杭州に行き、2 泊。さらに、大型バスをチャーターして、紹興に行き、1 泊。そして、ようやく寧波へ。それが、今回はなんと直通の 2 時間。うとうとしている間に、列車は新しいホームに滑り込みます。

ホテルは、高速鉄道の駅の真向かいに立つ、瀟洒な現代風のホテル。東側には、「護城河」つまり、旧市街をめぐるお堀が流れ、その向こうには月湖が緑の水をたたえています。ホテルにチェックインした後、夕食を兼ねて、近くの川べりにある南塘小街へ。

ここは、数年前に再開発された地区で、昔の倉庫街が復元された、おしゃれな雰囲気のエリア。ご当地の有名グルメやお土産店、カフェなどが軒を連ねています。車から降り、ふと見上げると、連なる瓦屋根の上には、明るい月が。

——昨日までは、雨の日が続いていたんですよ。

と、迎えに来てくださったX先生。夕食は、寧波の家庭料理を注文。食後は、川端を散歩しながら、古き良き時代を偲びました。

翌朝。ホテルの前の地下鉄乗り場から、X先生の勤める寧波工程学院へ向かいます。20 分ほど乗って、真新しい駅を下りると、そこが広大なキャンパスの入り口。彼の案内で、しばらく歩いて行くと、タタミ6畳分ほどの巨大なポスターがお出迎え。何と私の写真が、等身大で微笑んでいます。教員食堂で早めのランチをとり、午後一番で講演会です。聞き手は、日本語学科の二、三、四年生ですが、思いのほか、熱心に聞いてくれました。

——松岡先生、学生たち、誰も出て行かず、熱心に聞いていましたね。

——そういえば、寝てる子もいなかったね。質問もいくつか出たし。

——学生たち、面白くないと、途中でも、どんどん出て行っちゃうんです。いつもは、結構、いなくなっちゃうんですよ。

何時の世でも、若者は正直です。

*

3日目。午前中は、天一閣の参観です。前回訪ねた時には、参観者も少なく、木造二階建ての蔵書楼がぽつんと立っている感じでしたが、今回は近隣の富商の家まで併せ、整備して、民俗博物館のようになっています。幸いに参観者はそれほど多くなく、ゆったりと見学。寧波が発祥地だとされる、麻将記念陳列館もあったのには驚きました。（中国では、「麻雀」はスズメの意。マージャンは、「麻将」と書きます）

お昼前、ホテルをチェックアウト。杭州から友人のGさんが車で迎えに来てくれ、高速道路をひた走って烏鎮に向かいます。この日も快晴。

途中、数年前にオープンした介護マンション付き、総合病院に立ち寄りました。ここは、敷地約4万坪、緑化面積約1万5000坪という広大なリハビリセンターで、ベッド数348床を誇るモダンな病院です。烏鎮の再開発は、観光地の開発のみならず、こうした居住機能全体の整備を併せて進んでいるようです。

夕方、烏鎮の西柵に到着。旅遊客でごった返している遊客服務センターで手続きのあと、電動自動車で「枕水度假酒店」に移動。西市河に面した五つ星の伝統様式のホテルです。烏鎮は、もとの村の姿をしっかりと残しながら再開発した、江南の水郷リゾート地。東柵景区と西柵景区に別れていますが、西柵の方がにぎわっているようです。

部屋に荷物を置くと、川端を歩きながら、夕食へ。Gさんお勧めの、「民国時代特色主題餐庁」という、民国時代の食堂をオマージュしたレストランで、なかなか人気の店です。烏鎮のお店は、レストランでも土産店でも、それぞれ特色を持っています。特に、土産店は他の店と同じものを販売してはならない、という取り決めがあるとか。

夕食後、放生橋を渡り、向かいの川端へ。すると近くに、なつかしい連環画の専門店があります。もちろん、半世紀前の原版ではなく、近年復刻したものですが、学生時代によく手にし

た小型の物語本です。Ｇさんもニコニコして、

――これは、私も持っていました。安かったですよね。

――私の研究室には、まだ『紅楼夢』や『聊斎志異』のセットもありますよ。

と二人で、大いに盛り上がります。

そのお店を出て、ふとふり返ると、なんだか通りの奥に牌楼のようなものが見えます。暗がりの中を、ゆっくり近づくと、「六朝遺勝」の文字。さらに、よく見ると、「梁昭明太子同沈尚書読書処（梁の昭明太子、沈尚書と同(とも)に読書せし処）」と書かれています。梁の昭明太子とは、我が国でもよく知られた『文選』を編纂した蕭統(しょうとう)（501 ～ 531）のこと。梁の武帝の長子で、学問や詩文に優れ、将来を嘱望されていたのですが、若くして世を去りました。沈尚書は、沈約(しんやく)（441 ～ 513）のこと。宋、斉、梁の三代に仕え、梁の武帝の尚書僕射(しょうしょぼくや)（宰相に当たる位）となった学者であり文人として知られます。沈約が、尚書令、行太子少傅（皇太子の後見役）となったのは、天監六年（507）年冬ですから、昭明太子が 6、7 才の頃と思われます。ただ、昭明太子がこの地で沈約について読書（勉強のこと）したかどうかは、定かではありません。この遺跡からすれば、恐らくは明清の頃には、そう考えられていたのでしょう。とても興味深いエピソードです。この牌坊の後ろには、清朝に建てられたとおぼしき、立派な二階建ての蔵書楼があり、現在では地元の図書館になっています。2 階から声がしたので、そっと階段を上

り、覗(のぞ)いて見ると、地元の小学生がダンスの稽古中でした。

やさしい川風に吹かれながら、石作りの太鼓橋の上から川面を眺めていると、ふと目の前の景色が、80年代初めに行った、蘇州の夕景色に重なりました。ここから蘇州へは、70キロほど。35年前の蘇州には、このようにゆったりした時間が流れていました。

30年という年月も、こんな風に過ぎていくのかと、川面にゆれる月明かりを眺めながら、ぼんやりと立ち尽くしていました。

(2016.11)

風車と水仙の香り——北京の春節

書斎は、ちょうど沈丁花の爽やかな香りに包まれています。

——じいじ、これって何て書いてあるの?

久しぶりに勉強にやって来た、孫娘の声。書斎の入り口に掛けてある額装の字が、少し気になるようす。小学三年生ですが、書道や漢詩などが大好きで、書斎に来るたびに、楷書ではない、ちょっと風格の違うこの字が、ずっと気になっていたようです。

——これはね。「春秋に佳日多し、高きに登りて新詩を賦

水仙、兎児爺・北京・2007

す」、と読むんだよ。「春や秋には、気持ちのいい日が多いから、見晴らしのいいところに登って、新しい詩でも作るのがいい」っていうのさ。

——誰が作ったの？

——中国の昔の陶淵明（とうえんめい）って人。

——その人が書いたの？

——いやいや、書いたのはずっと後の人。黄苗子（こうびょうし）[1]っていう人。

——ふーん。その人、じいじのお友だち？

——そうだね、お友だちじゃないけど、北京でお宅に何回か遊びに行った事がある。一度は、あなたのお母さんも一緒に行

1　黄苗子、1913 ～ 2012 年。本名、祖耀。若い頃、風刺漫画家として知られ、後に書道家、作家、美術史家として著名。

ったよ。小学一年生だったけれどね。

——へえ、そうなんだあ。

小篆[1]で書かれた、いかにも黄先生らしい、ゆったりとした墨跡の脇には、

——乙丑秋日、自東瀛帰国飛機中邂逅松岡榮志先生、以此留念

乙丑、一九八五年也苗子（下に「黄苗子」の白文の印）

と添え書きがしてあります。乙丑（きのとうし）は、1985年、ですからもう32年も前のこと。

そのころは、夏休みや春休みに、学生諸君と一緒に毎年1回、中国に研修旅行に出かけていました。いつもは、日本の航空会社を利用するのですが、その年は何故か中国の航空会社の便に乗って、北京に向かいました。まだ、機材も小さくて、後方に座ると、揺れがひどく、学生たちは緊張と恐怖で、青い顔をしています。

暗い機内で、ふと脇を見ると、小太りの老人が、熱心に読書中。狭い通路の右側ですから、じっと見なくても、ようすが目に入ります。こちらの気配をさとったのか、小さな本をすっと閉じました。表紙には、なんと『牧斎初学集』の文字。これは、明末清初の大学者で詩人の銭謙益（1582～1664）の文集です。『叢書集成』の中の一冊でしょうか、本の大きさは、文

1　漢字の字体の一つ。秦代に漢字の統一のために、大篆を簡略化して作られたとされる。日本では、実印などでよく使われる字体。

庫本サイズ。文字は小さな活字で、ぎっしりと組まれています。

いったい、どんな人でしょう、機内でこんな難しいものを、退屈しのぎに読んでいるのは。ますます興味がわいて、さりげなく話しかけてみます。すると、1、2週間の東京訪問を終えて北京の自宅に帰るところとか。

――失礼ですが、どんなご用事ですか？

――東京で、郁達夫（いくたっぷ）[1]の国際シンポジウムがあって、それに呼ばれたの。本当は、姪に当たる家内が出られればいいのですが、都合が悪くてね。

――ええっ、もしかして、黄苗子先生ですか？

――そうです。どうして知っているの？

――王瑶先生の『陶淵明集』の題字も書いておられましたね？

――君は、陶淵明を読んでいるの？

――愛読しています。六朝文学を専攻しています。

もう、話がとまりません。私がいつになく興奮しているので、まわりの学生たちもザワザワ。後ろの席の学生が、身を乗り出して尋ねます。

――先生、あの人誰なんですか？

――黄苗子先生と言ってね、中国ですごく有名な書道家、文

1　郁達夫、1896～1945年。名は、文。中国近代の小説家、詩人、文章家として著名。

筆家だよ。

——あのう、サインとかもらっていいですか？

ちゃっかりした学生が 2、3 人。おそるおそるノートを出して、サインをお願いすると、先生はニコニコして、ボールペンでさらさらとサイン。それから私に向かって、

——北京に着いて時間があったら、遊びにいらっしゃい。

小さな紙切れに、その頃住んでおられた団結湖のお宅の住所、電話番号をメモして、渡してくれました。

＊

機内で話しかけたのも「ご縁」でしょうか、北京に着くと、本当に電話をして、お宅を訪問してしまいました。奥様の郁風（いくふう）[1]先生もにこやかに迎えて下さり、お茶をいただきながら、談論風発。今にして思えば、まだ文革の影があちこちに落ちていた時期ですから、不意の外国人客の訪問はさぞかしご迷惑なことだったでしょう。しかし、そんなことをおくびにも出さず、温かく迎えて下さいました。帰りに、玄関で、

——これを持ってらっしゃい。

と、今度は小さな封筒を手渡してくれました。東京に帰って、封を開けると、そこにはきちんと折りたたまれた、さきほどの陶淵明の詩句を書いた墨跡が入っていました。

1　郁風、1916 ～ 2007 年。画家、美術評論家、散文家として知られる。郁達夫の長兄郁華の娘。

さて、その翌年の８月。我が家は、なんと一家で北京に住むことになりました。私たち夫婦に子供が３人、それから岳父母（二人は、その前の年から住んでいました）。同じ友誼賓館の、東と西の住居区に別れて、「スープの冷めない距離」に暮らすことになったのです。

短い夏と秋が過ぎて、いよいよ寒い冬を迎えました。ホテルの木々もすっかり枝葉を落して、蕭々たる北風に身をひそめています。やがて年が明け、中国の皆さんには待ち遠しい「春節」の到来です。

部屋の中は温かいのですが、家に籠もってばかりもいられないので、意を決してこの年にやっと復活した、白雲観（道教

賓館窓辺・北京・2007

のお寺）の「門前市」に行って見ることにしました。子供たちは、この頃ようやく市場に出始めたダウンコートに身を包み、毛糸の編み帽をかぶり、「完全武装」で出かけます。今と違って、一旦外出したら、どんなに寒くても駆け込む所などないのです。

雪交じりの午後、門前市にたどり着き、ロバに乗ったり、ビードロ（ポコペン）を買ったり。おまけに茅の枝で作った大きな風車を二つも買い、バスで黄苗子先生のお宅へ向かうことにしました。一家 7 人での、新年のご挨拶です。

ようやくお宅にたどり着き、玄関のドアを入ると、甘美な香りが鼻をうちます。

——先生、この香り、水仙ですか？

——そうそう、僕の故郷の香りだよ。

黄先生は、広東省の出身、奥様は浙江省です。

——これ、先生が育てたのですか？

花を育てるのが好きな岳母が、のぞき込むようにして尋ねます。

——いえいえ、上の階の友人が、育てる名人でね。いつもいただくんですよ。

と奥様の返事。一同、その甘美な香りに、しばしうっとり。

*

——じいじ、早くう。硯の墨が、乾いちゃうよ。

また、孫娘の急き立てる声。目の前の文字の向こうから、墨のにおいと水仙の香りが、ぷんと漂ってくるようです。

——はいはい、いま行くよ。

生返事をしながら、しばし墨跡の前を離れることができませんでした。

（2017.3）

青島の時雨、済南の猛暑

淄博（ズーボー）から青島（チンタオ）へ向かう、高速鉄道の車中でのこと。

——日本人、で・す・か？

となりの席のお年寄りが、ふいに耳元でたずねます。少しなまっていますが、はっきりとした日本語です。

——はあ……

さすがに虚をつかれ、返事に窮した私は、数秒息をのんだまま。すると、彼は、座席からさっと立ち上がり、私の前を抜けて、後方のトイレに向かいます。ほっとした私は、先ほどの問いの意味は何だろうと、しばし思案顔。

彼が座席にもどると、今度は私が中国語で、

——ほんとは、16 号車の一等切符なのだけれど、乗ったら突然、1 号車に行けと言われ、しかたなく、この 9 号車で座らせてもらったんですが、

すると彼は、にっこりして、今度は中国語で、

——日本はすばらしい。大好きです。先月も、巣鴨と大塚に2週間泊まっていました。

さらに続けて曰く、

——私は、世界85ヶ国を旅しました。でも、日本が一番。清潔、安全、便利。みんな親切だし。很好（ヘンハオ）、很好！

*

5月中旬、青島、淄博、済南（チーナン）に出かけました。主な目的は、青島にある中国海洋大学で客座教授を授与され、その記念講演とミニゼミ（演習の授業）を行うためですが、20数年ぶりに済南に足を伸ばすのも楽しみです。

まずは、青島での授業。院生36名、三年生24名、あわせて60名の翻訳実践演習です。現代中国を代表する作家のエッセイを、中国語から日本語に翻訳するという、彼らでなくても、なかなか骨の折れる課題。2ヶ月前に、課題文を出題、1ヶ月ほどで全員に提出してもらいました。それを、一人一人チェックして、全員分の資料を作り、授業でコメントします。ただ、さすがに2時間×2回では、時間が足りません。そこで、三年生の諸君には、彼らの自己紹介のメールの添削をしました。

参加した諸君は、自分の訳文を見つめながら、私のコメントに熱心に聞き入ります。友人の訳文や訳文例にも、目が吸いつかんばかりです。彼らの熱心なまなざしと向かい合いながら、

ふと 30 年前に、北京日本学研究センターで行った「翻訳」の授業を思い出しました。助教（大学の若手教師）研修班と大学院の一年生の授業を受け持ちましたが、特に研修班の 40 名の諸君の思い出は、じつに鮮やかです。いずれも全国各地から推薦された優秀な若手教員たちで、大部分は後に各地の日本語学科の主任教授になりました。私が家族と共に赴任したのも 1 年間、彼らも 1 年間の派遣でしたので、いっそう忘れがたい思い出です。昨年、久しぶりに上海で、上海や南京に住んでいる数人に会い、おいしい上海料理をいっしょに楽しみましたが、もう定年になった人もチラホラいるとのこと。

その研修班の最初の授業の後。数人が私の教卓に近づいてきて、その中の一人が、まじめな顔で言いました。

——先生、おしゃべりしないで、ちゃんと授業をしてください。

私は、あっけにとられて、

——ちゃんと、授業をしているつもりだけれど……

——これって、「翻訳」の授業でしょう？私たち、とても期待してるんですから。

その場は何とかおさめて、友誼賓館の部屋に帰り、ゆっくりと考えてみました。すると、ようやく彼らの言っている意味がわかりました。中国語では、「翻訳」は、「通訳（口訳）」と「翻訳（筆訳）」の両方の意味を持っています。彼らは、「翻訳」という授業名をみて、同時通訳の練習をしてくれると期待したようです。さらに、第一時間目は、日本の大学院のゼミのオリエンテーションのように、「翻訳」とは何ぞやと、鈴木孝夫さんや井上ひさしさんの著書の一節を引きながら、「講義」をしてしまったのがいけなかったようです。

*

青島の授業を終えて、いよいよ済南へ。高速鉄道で、2時間半あまり。あっという間に、なつかしい済南駅へ到着です。昔ながらのプラットホームを、トランクを引きずって改札へ。空は青く快晴ですが、冷え切った車中から一転して、たまらない暑さ。青島は18度、ここは31度の真夏日です。タクシーを拾う人の列は、延々とつながり、強い日差しでめまいがするほど。

なんとかホテルについて、夕食を近所の食堂でかるく取ったのですが、まもなくお腹がひどく下り、とうとう2日間寝たきりになりました。どうやら、熱中症にやられたようです。どこにも行けません。

2日後、ようやく起きだして、タクシーを頼み、淄博まで行ってもらうことにしました。さすがにどこも見ないわけにはいかないので、一番近い「趵突泉(パオトゥーチュエン)」公園に寄ってもらいます。ここは、清の乾隆帝に「天下第一泉」と称された名泉で、現在も水勢豊かにわき出しています。

タクシーを待たせ、東大門から入り、右に行くとすぐに、李(り)

清照（せいしょう）記念堂がありました。済南のとなりの章丘で生まれたとされる彼女は、18 才の時に 3 才年上の趙明誠（ちょうめいせい）と結婚。前半生は、仲睦まじく恵まれた生活を送りますが、1127 年、青州に金軍が攻め込むと、夫婦で江南に逃れます。その 2 年後、夫の趙明誠が建康（今の南京）で亡くなると、各地を転々とし、1155 年ごろに凄惨な後半生を閉じました。宋代を代表する詞人の一人です。この済南の記念堂には、彼女の彫像がかざられ、多くの参観者でにぎわっています。その生涯も、詳しく紹介され、彼女が流浪した足跡も地図の上にわかりやすく描かれていました。金軍に追われ、命からがら長江をわたった旅は、どれほど大変なものだったでしょう。

＊

淄博では、友人の陳平さん（中央美術学院国画院院長）が北京から駆けつけてくれ、淄博の博元堂美術館館長の路宏さんとホテルに出迎えてくれました。陳さんは、文字通り現代中国を代表する中国画家の一人で、博元堂は彼の書画や、その設計になる中国家具を数多く収蔵、展覧しています。陳さんとは、30 年来の友人で、息子が北京の小学校に通っていた頃に、書と絵画の手ほどきをしてくれました。帰国後、彼と夫人を招いて、ささやかながら東京で二度ほど彼の書画展をさせてもらったのが、楽しい思い出です。

博元堂の展覧館と家具工場を見せていただき、少し離れた英雄路にあるレストランで夕食。ここは一面のハス池の中に、あちこちに小さな浮舟のような部屋を配した、興趣の尽きない作りです。食後、池の荷花を眺めましたが、まだ「菡萏（ハンタン）（ハスの花）」の先が少し紅い程度で、ハスの花の盛りは、もうしばらく後のようでした。

*

さて、翌日。淄博から青島に向かう高速鉄道の中で、横に座っていたさきほどのお年寄りは、李さんと言って、青島の出身。若い頃米国に渡り、現在では南米のペルーでホテルを幾つも経営している方でした。実は、私より2才年下でしたが、すでにホテルの経営を息子さんに譲り、悠々自適で世界中を旅しているそうです。

楽しく話がはずんでいるうちに、車窓は青島の山々を映し出し始めました。ホームで李さんと別れ、青島駅からまたタクシーで、数日前に泊まったホテルにもどり、中国海洋大学の先生方と夕食です。そこには、村上春樹さんの作品の翻訳で著名な、林少華先生もおられました。笑顔を絶やさず、才気煥発で、人を引きつけて止まない魅力的な先生です。

その晩の楽しいおしゃべりと美味しい山東料理については、また別の機会に。

(2017. 5)

殷墟の熱風、前門の荷花

7月7日、ちょうど夏の暑い盛り。

北京から河南省安陽へ向かう高速列車の車内は、冷房が効きすぎて寒いほど。そのせいか、トイレに立つ乗客が、通路側の私の傍らをしきりに通り過ぎていきます。

——ちょっと失礼。あなたも、これが好きですか？

今しがたも、用を済ませ自分の席にもどっていきかけた青年が、行き過ぎたなり、またもどってきて、親しげに声をかけてきました。出発前に北京西駅で購入した賈平凹（ジャーピンワー）さんのエッセイ集『願人生従容（できれば人生をゆったりと）』を読んでいた私は、不意を突かれて、ちょっとどぎまぎ。どうやら、この本の表紙が眼にとまったようです。

——ええ、とても良いと思いますが。

——ボクもね、大好きですよ。本当に良いですね。じゃあ。

と言うなり、スタスタと席にもどって行きました。こんな風に声をかけられたのは、考えてみれば、滅多にありません。初めて中国を旅したのは、1978年ですから、40年間を思い返しても、「珍事」と言っていいでしょう。でも、これはうれしい珍事ですね。

＊

安陽東駅では、国際会議のスタッフが出迎えてくれます。ここには、甲骨文字が100年ほど前に大量に発掘され、古代漢字研究の中心となった「殷墟(いんきょ)」があります。まさに漢字の聖地とも呼ぶべき、安陽一帯の教員養成をになう安陽師範学院で、漢字研究、教育の国際シンポジウムが開かれました。出席者は、すべて招待客で、20数名ですが、中国国内はもとより、フランス、イギリス、スイス、米国、日本（私のみですが）などからこの地に集いました。

さて、安陽東駅の改札出口には、同じくこの会議に招待された北京のC教授、シカゴから来られたG教授とその学生のMさん（ロシア出身）もニコニコと私を出迎えてくれました。みなさん、同じ列車だったようです。C先生いわく、

——松岡老師、駅の待合室であなたを見かけましたよ。

待合室というより、「検票口（改札口）」で、私もお二人をお見かけした気がしますが、何しろものすごい混みようでしたから、声をかける余裕など、とてもありませんでした。

駅から中型のバンで40分余り、宿舎のホテルにつきます。このホテル、香港のデベロッパーがマンション群の中心に立てただけあって、なかなか立派なもの。部屋に案内され、顔を洗っていると、電話のベルの音。G先生の声です。

——松岡老師、これから3人で市内見物に出かけますが、一緒に如何ですか？

——（外は43度ですが、と言いそうになるのをこらえ)、今すぐですか？

――そうです。今すぐです。タクシーを頼みましたから。

――はーい、わかりました。すぐに下に降ります。

1階のホールに降りると、サングラスに半ズボン姿のお二人と、やはりサングラスがよく似合うMさんが、地図を広げて、思案顔。

――松岡老師、北に行くのと南に行くのと、どちらにします。

北というのは、文峰塔や旧市内のあたり。南は、岳飛廟と羑(ゆう)里城(りじょう)です。夕方にはレセプションがあるので、どちらかしか行けません。私は迷わず、

――南にしましょう。

これが、じつは大正解だったようです。いずれも、ヤブ蚊や熱風に悩まされましたが、ぜひ足を運ぶべき収穫の多い場所でした。

岳飛廟は、彼の生まれた安陽

岳飛廟・安陽・2017

市の郊外、湯陰にあります。正門の扁額には、「宋岳忠武王廟」と書かれ、明代の景泰元年（1450）に建てられたもの。家は貧しく、農民出身の岳飛は、若い頃から文武に励み、数え20才の年に「敢戦士」に応募し、武人としての生涯を始めます。北宋滅亡の後、江南に移り、南宋の武将として大いに戦果を上げますが、秦檜（しんかい）などに謀られ、39才の若さで獄死します。杭州にある岳飛廟は、西湖のほとりにあり、多くの参観者を集めていますが、この日は、猛暑の昼下がりという条件も相俟って、構内には親子連れが2、3組だるそうに歩いているだけ。犬も、ぐったりと軒下で寝そべる始末。私たちもペットボトルの水をがぶがぶ飲み、タオルで汗を拭き拭き、真っ黒なヤブ蚊の攻撃も右に左に振り払いつつ、歴代の墨跡を見て回ります。

次は、今から3000年ほど前に、周の文王が幽閉された「最古の監獄」と名高い羑里城です。タクシーの冷房にやっと人心地のついたとたん、広大な駐車場に着きました。ただ、駐車しているのは、関係者のジープ、自転車を除くと、車が数台。ドアを開けたとたん、猛烈な熱風が私たちを襲います。まずは、切符売り場の横の売店に直行、冷えたペットボトルの水を買い、それからようやく参観です。

入り口を入ると、「演易坊」と大書された牌坊。その先には、石積みの階段があります。「羑里城」と言っても、広く土盛りした小高い台地で、かつてはここに建物があったのかも知れませんが、かの巌窟王が閉じ込められていた要塞という感じではありません。また、古代の「監獄」と言うからには、どこかに鉄格子で囲まれた部屋がありそうですが、それもありません。ただ、文王はここに幽閉されている 7 年もの日々、天地宇宙の真理を求め、ついには『易経』の六十四卦を生み出した、とされています。その時に、易の卦を表すのに使った蓍草（メドハギのこと）は、彼が暮らしていた小さな小屋（今も祠がある）の前にしか生えない、とのこと。まさに、天地宇宙の気に満ち満ちた場所でした。

*

さて、会議も無事に終わり、43 度の熱風の中を、北京にもどりました。北京もこのところ暑く、気温が 36 度に達したとのこと。しかし、安陽に比べれば、まだまだです。

宿は、前門の近くにある東方飯店。開業は 1918 年といいますから、100 年ほど前に建てられた古いホテルで、民族資本によって建てられた最初の近代的ホテルとされます。したがって、民国時代の著名人が数多く泊まり、様々な活動の中心になりました。現在では、本来の三階建ての旧館の脇に、十数階ある新館のビルがそびえています。

友人の紹介で、旧館に宿泊の予定でしたが、どうやら受付の手違いで新館の 14 階に連れて行かれました。どうもおかしいなと思いつつ、顔を洗っていると、やはり電話のベル。

――こちら、受付ですが、申し訳ありません。こちらのミスです。

——旧館には、部屋はありますか？

——あることは、あるのですが。1階の入り口の脇でも良いですか？

——せっかくですから、そちらに移ります。

荷物をまとめ、その部屋に行ってみると、ドアの扉には「黎(リー)錦熙(ジンシー)」と書いてあります。なんと、近代文字改革運動の中心人物であった彼を記念した部屋でした。民国時代、銭玄同や林語堂たちと足繁くここに通い、「注音字母」の原案を作り、やが

荷花小景・北京・2017

て簡体字やピンイン（中国式ローマ字）の運動を推し進めたのです。部屋の壁には、彼の手になる七言律詩が墨色鮮やかに書かれ、その横には横書きでピンインも書かれています。1962年5月5日に、北京師範大学60周年を記念して、彼が揮毫したもののようです。

ただ、この部屋、普段は人があまり泊まっていないらしく、じめじめとして薄暗く、壁が薄いせいか、隣室の家族の生活音（特に子供の声）がつつぬけです。翌朝、フロントに交渉して、2階の部屋に換えてもらいました。今度の部屋の扉には、「梅蘭芳（メイランファン）」とあります。ここは、京劇俳優の梅蘭芳さんがいつも泊まっていた（すぐ近くが湖広会館の劇場）部屋で、欧州で撮ったものでしょうか、背広姿でにこやかに微笑む彼の写真や、彼の手になる扇面画が壁に飾ってあります。その隣の部屋の扉には、「林語堂」、次の部屋の扉には「魯迅」とありました。どの部屋の扉にも、著名人の名前が掛けてあります。

ふと、2階のベランダから中庭を見下ろすと、大きな鉢の中に一本の紅いハスの花がこちらを見上げています。それはまるで、舞台の上で、梅蘭芳さんが艶やかに微笑んでいるかのようでした。

（2017. 7）

「武昌魚（ウーチャンユイ）」と「瑞雪迎春（ルイシュエインチュン）」

——松岡先生、武漢は初めてですか？

——いやいや、1984 年に初めて来ましたよ。

12 月初めのこと。武漢の華中科技大学のホテルのロビー前。出迎えに来てくれた院生のＣさんが驚いた表情で、

——ええっ、では 30 年以上前ですね。

——そうそう、33 年前。ここから、長江を船でずっと東へ下ったんだ。

*

1984 年春 3 月。

私たちを乗せた特急列車は、北京駅から南に向かいました。一昼夜かかって、たどり着いたのは、長江のほとり、武昌の街。漢口、漢陽と併せて、「武漢三鎮」を呼ばれる、歴史に名高い景勝の地です。

武漢に 2 日ほど滞在して、船で長江を下り、「煙花三月揚州に下る」（唐・李白『黄鶴楼にて孟浩然の揚州に之（ゆ）くを送る』）の旅。武漢の宿泊は、1953 年に作られた武漢東湖賓館。東湖の一角に、広大な敷地（約 187 万平米、後楽園遊園地の 460 倍）と建物を有し、中国の要人や外国の賓客をもてなすための、堂々たる五つ星のホテルです。このホテルは、故毛沢東主席がこよなく愛し、ホテルの資料に拠れば、訪れること 48 回。そ

の庭園内の梅嶺一号に、別荘を構え、しばしば長期滞在をしていた。「武漢の中南海」とも呼ばれたとか。

私たちがそのホテルに宿泊できたのは、幸運というほかない偶然でした。武漢での訪問希望地が、湖北省博物館と華中工学院だったからです。博物館は、このホテルと一本の細い通路でつながっていて、もう一つの大学の方は、東湖のすぐ向こう岸にあります。

旅行社が手配した大型バスが、湖中にわたされた細い通路をゆっくりと進んで行きます。すると、正面には、巨大な毛沢東の塑像が、右手差し出すおなじみのポーズで私たちを迎えてくれます。それだけで、私たちに緊張が走ります。

空は、あいにくの曇り空。底冷えのするホテルのロビーで、初めての武漢の地の感触を確かめながら、宿泊の手続きです。ロビーには、風格あるソファーや調度品が並んでいて。80 年代に時々行った人民大会堂の会議室に置いてあった、あの立派な椅子や机と同じです。

翌日は、午前に華中工学院の学長に面会し、午後は湖北省博物館で 1978 年に発掘されたばかりの曽侯乙墓の編鐘を参観。まだ、あまり整理が進んでいず、暗い展示室の床に無造作に並べてありました。

翌朝、足速に武漢訪問を終え、遠くにたたずむ黄鶴楼をバスの窓から見やりながら、漢口の船着き場に向かいます。

*

さて、今回の出張は、「中国のおへそ」と呼ばれる、湖北省の省都武漢市と、そこから高速鉄道で4時間半の西安市への8日間の旅です。12月8日から10日まで、武昌側の東湖のほとりにある華中科技大学で、日中翻訳文化教育協会と華中科技大学外国語学院による、第四回日中翻訳実践セミナーが開催されました。各地から集まって来た受講生（すべて大学教師）は22名。私も含めた4人の講師による、実践的な密度の濃い講義と実習が、2日間にわたり熱心に続けられました。

8日の夜は、協会の理事会で、大学の国際交流センターの向かいのレストランで夕食。この2号楼は、かなり昔に建てられた外賓や要人の接待施設で、入り口のソファーや調度品も、格調あるもの。おや、まて。これは、初めて武漢に来たあの時に、東湖賓館で座ったあのソファーと同じです。30数年前の記憶が、頭の奥のほうで、少しずつ動き出します。

——Cさん、どうも昔ここに来た気がするな。

——ええっ、そうですか？

——その時は、たしか華中工学院と言ったと思うけど。

——そうです、1988年に華中理工大学になり、2000年に今の華中科技大学になりました。

2号楼の奥は餐庁になっていて、個室と大広間が幾つもあり、まるであの東湖賓館のよう。壁のあちこちに飾られた華中工学院時代の白黒写真。それを、一つ一つ眺めていると、なんだか33年前のあの日が、目の前に迫ってくるようです。

——先生、皆さんがお待ちかねですよ。奥の「包間（パオジエン）（個室）」です。

——はいはい、今、行きます。

理事会の打ち合わせは、1時間ほどで終え、さっそく夕食。ご当地の美味佳肴が、次々と丸い大テーブルに運ばれてきます。

——先生、どうぞ、どうぞ。これは、ハスのスープです。

——これは、おいしい、おいしい。からだが温まるね。

——お魚をどうぞ。「武昌魚」ですよ。

大皿に出てきたのは、まさに「武昌魚」。毛沢東の詞にでてくる、あの魚だ。体長が30センチほどのタナゴで、冬が旬の白身の淡水魚。油で揚げて、その上に甘酢がかけてあります。「武昌魚」は、「武昌の魚」と言うより、固有名詞の「武昌魚」のよう。なかなかの美味です。

その翌日、セミナーの宴会でも、「武昌魚」が登場。また、翌日の食事にも、「武昌魚」が宴席を飾りました。今回は、毎日「武昌魚」に舌鼓を打ったことになります。さすがに、4日目の昼食の時には、メニューで写真をとり、それを記念としました。

＊

11日の午後、華中師範大学文学院で、院生と教員に講演を

清真寺・西安・2017

行い、午後の高速鉄道に飛び乗ります。汽車は、ほぼ 4 時間 30 分をかけて西安駅に滑り込みました。西安は、武漢に比べてだいぶ寒く、最高気温が摂氏 1 度、最低は零度以下です。

翌日、まだ暗いうちに、朝一番の授業。無事に授業を終え、L 先生たちと歓談の後、深圳からのお客さんと一緒に昼食。午後は、ホテルで少し休憩をとります。

午後 4 時過ぎ、タクシーで回民街へと向かいます。鐘楼の北側に、車を止め、大清真寺をさがしました。しかし、このあたりには清真寺がたくさんあり、道をたずねると、それぞれ自分のなじみの清真寺を教えてくれるので、あたりをしばらくウロウロ。ようやくたどり着いて、無事に拝観。

午後 5 時なのに、もうあたり

はずいぶん暗くなり、だいぶ冷えこんできました。冬の閑散期で、客通りの絶えた路地を、急ぎ足で抜けていきます。お目当ては、細い路地の中程にある、丁済堂[1]さんの版画店。この店は、ちょうど10年前に家内と西安に出かけ、ぶらぶらした時に見つけた思い出の場所。その日は、店番役のお嬢さんが昼食に出かけたとかで、丁先生自らが熱心に応対してくれました。その作品は、帰国後いくつか額装し、息子の家のリビングと我が家の書斎を飾っています。

その10年後。昨年の秋、西安交通大学の客員教授授与式典の際、しばらくぶりに店に立ち寄った時には、20才過ぎのお孫さんとその奥さんが、交代で店番中。声をかけると、丁先生は病気で入院中だとか。今回は、それも気にかかり、何はともあれ店に向かいます。店に近づくと3、4人の欧米人の客が、農民画をあれこれ物色中。しかたがないので、とりあえず回民街にもどり、早めの夕食をとることにしました。まだ、さほどお腹がすいていないので、「酸湯麺」と「蒸し餃子（牛肉とニラ入り）」を注文。ここは、回民料理なので、豚肉はなく、牛肉か羊肉が中心です。この店「同興福」はなかなかの人気店で、地元の人、外地からの旅行客などで大にぎわい。まさに、「安

1　丁済堂（てい・せいどう、1935～2017）、また丁済棠とも。陝西省城固県の人。戸県農民画の創始者、版画家。重厚な風格の、力強い画風で、農民生活を大胆に表現した。1996年には、招請を受けて、陝西農民画家代表団を率い、米国を訪問し、展覧を行った。国内外を問わず、欧米でも高い評価を受けている。

くてうまい」名店の一つです。

食後も少し回民街をぶらつき、昔なつかしい瓶入りヨーグルトに舌鼓をうちます。濃厚な味です。さて、いよいよ丁さんの版画店へ。孫の青年が、ニコニコと迎えてくれます。

——やあ、元気？

——先生もお元気でしたか？

——おじいちゃんは？

不意に、彼の表情がくもって、

——9月9日に、亡くなりました。享年、82でした。

思わずことばを失い、店の奥をゆっくり見回すと、たしかにどことなく寂しい空気が漂っています。

——君の奥さんは？

瑞雪迎春・西安・2017

――今、お腹に子供がいて、家で休んでる。だから、ボクが留守番です。

しばらくおしゃべりして、丁さんの作品「瑞雪迎春」を分けてもらいました。これは、以前購入し忘れたもの。彼は、たくさんの作品の束の中から、2、3 枚取り出して、その刷り状態をつぶさに比べ、やがてその中の 1 枚を、丁寧に新聞紙でくるみ、紙箱に入れて渡してくれました。その丸々とした背中や後ろ姿が、10 年前に見た丁さんの姿に重なって、心なしか潤んで見えました。

（2017. 12）

珠海のスープ、マカオの煎餅

先週、香港の空港にて。

――はい、ではこちらの午後 5 時の船になります。

――2 時 15 分は、やっぱり無理ですか？

――荷物が、間に合いませんから、無理ですね。

珠海行きのフェリーに乗り換えるために、切符売り場に行くと、すでに日本人サラリーマンが数人並んでいます。空港から直接、ジェットフォイル船で、深圳や広州、珠海に向かう人たちです。私たちも、1 時間後に珠海の九州港に向かう予定だったのですが、荷物の転載が間に合わず、これからおよそ 3 時間、狭い空港内で時間をつぶさなければなりません。

仕方がないので、ラーメンとコーヒーを注文して通路脇のカフェテリアに腰を下ろします。ここは、空港職員の休憩所にもなっており、数人の仲間同士で、思い思いに食事をとったり、ドリンクを飲んで時間をつぶしています。まもなく運ばれてきた「日本伊勢濃厚ラーメン」は、予想通りスープがぬるく、味もどろどろで、思わず家内と顔を見合わせて苦笑。いやいや、それを頼んだ私たちがいけないのです。

定刻の5時に、香港を出港。1時間ほどで、珠海の九洲港に到着。荷物の受け取りも、入国手続きも簡単です。ほとんど待たずに手続きを終えてゲートを出ると、北京師範大学珠海分校のWさんと運転手さんが出迎えです。車が走り出してまもなく、

——珠海の車は、運転マナーがいいわね。

さっきから、家内が感心しきり。10年ほど前に、九洲港のあたりで友人たちに海鮮料理をごちそうになった事があるのですが、今回は道路上の車の流れを眺めながら、

——どうして、こんなにマナーがいいのかしら？

——ここは、開発のはじめから、町中に工場などを作らせないらしいよ。そのせいかな。大学がいくつか招致されているし。

そうこう言っているうちに、渋滞もなく、40分ほどで珠海分校の国際交流中心（ホテル）に到着。車のドアを開けて外に

出ると、薄曇りの空からポツポツと雨粒が落ちています。フロントでチェックインを済ませ、3 階の奥の部屋へと向かいます。

さて、翌朝。大学の警備員、宿泊客などでにぎわうレストランで朝食を済ませ、少し庭を歩いてみます。ドアを開けると、目の前は広大な運動場。あたりは、低い山に囲まれていて。恐らく、大学の建設が決まって、山の中を開発したのでしょう。広大な敷地に、キャンパスの建物が点在しています。白梅、紅梅、モクレンがきれいに咲き、その枝にいろいろな鳥がやって来ています。亜熱帯にふさわしく、ヤシの木もあちこちに植えられています。昨夜からの小雨で、路面はうっすら濡れていて、すべりやすいので、足下を確かめながら、少し奥に行くと、ふいに大きな岩が現れました。前面には、「春風」という二文字が、朱字で書かれています。おや、これは啓功（けいこう）先生の字です。

さらに、小さな木橋をわたって、向こう側に行くと、竹林の中に啓功先生らしき銅像が立っています。その右には、啓功先生の横顔のスケッチと「啓功紀念園（啓園）」の案内板がひっそりと掲げられていて。その解説に拠れば、この庭園は啓功先生（1912 ～ 2005 年）の生誕百周年を記念して、2011 年冬に作られたもの。先生は、幼年時代は不遇でしたが、後に輔仁大学（北京師範大学の前身の一つ）の陳垣（ちんえん）学長に師事。学識淵博、才華横溢、とくに書法に秀で、その書体は「啓体」と称されます。じつに 70 年の長きにわたって、北京師範大学で教鞭を執りました。この庭園は、何と2万平方メートルの広さを持ち、目の前の丘の向こうまで広がっているとのこと。残念ながら、まもなく講演会の時間が迫っているので、このあたりで引き返すことにしました。次回は、ぜひゆっくりと散歩してみたいものです。

案内板のスケッチの先生の横顔をながめているうちに、ふと思い出したのは、わが書斎に25年にわたり掛けてある、先生揮毫の書です。南宋、范成大（はんせいだい）の七言絶句『夏日十二絶之七』です。

昼出耘田夜績麻	昼は出でて田を耘（くさぎ）り夜は麻を績（う）む
村荘男女各当家	村荘の児女各（おの）おの家に当たる
児童未解供耕織	児童未だ耕織に供すを解せざるも
也傍桑陰学種瓜	也（ま）た桑陰に傍（そ）いて瓜を種（う）うるを学ぶ

添え書きに「一九九一年冬日啓功書」とあります。これは、北京師範大学のY先生が、1993年に私の研究室に訪問学者として研修に来られた時に、わざわざ啓功先生にお願いして私宛に書いていただいたもの。実は書かれたのは、1992年冬のようですが、先生うっかりして91年と書いてしまったとか。いかにも先生らしい、ほほえましいエピソードです。直接お目にかかったことはありませんが、25年ぶりに先生に再会したような実になつかしい気持ちになりました。

*

さて、午前中の講演会は、成功裏に無事終了。外国語学院の日本語科、英語科の 100 名余りの学生諸君が、熱心に耳を傾けてくれました。前列に座っていた男子学生と後列の女性の先生が、いくつか興味深い質問をしてくださり、この学校の上昇機運を十分に感じ取ることができました。

午後は、マカオへ。駅前からタクシーに乗り、セナド広場の角にある郵便局へ。とくに用事はないのですが、いつもマカオに来ると、ここで記念切手を買うことにしています。今回は、『聊斎志異』の記念切手をいくつか購入。「画皮」「陸判」「青鳳」「張誠」などの名場面を描いたもの。「画皮」は、一枚物で 12 マカオドル、小さなものはそれぞれ 2 マカオドル。茶封筒もなかなか素敵です。

広場を歩くと、古い建物の軒下に何人かの人が並んでいます。のぞき見ると、煎餅を焼いています。小さな看板には、「潘榮記減蛋金銭餅」東京の「ぜいたくセンベイ」といった風情で、おじさんが鯛焼きのような、先が平たくなった道具で、5、6 枚ずつ手際よく焼いています。箱入りは 90 マカオドル、歩きながら食べる分は、ポリ袋に 20 枚くらい入って 20 マカオドル。日本円で 350 円ほど。さっそく並んで、1 袋を手に入れ、家内と歩きながら賞味。口の中に、上品な甘さが広がり、サクサクしてとても美味しい。いつもは、子供たちをつれているので買い食いなどしないのですが、今回は二人だけなので、ちょっと気楽です。

夕食は、また珠海に帰って先生方と食事なので、坂を少しあがったポルトガル語書店をのぞき、足早に丘を降りて、タクシーを捜します。なかなか捉まりませんでしたが、運良く拾うことができ、待ち合わせ時間より30分ほど前に、拱北口岸広場の国旗ポール下にたどり着きました。巨大な地下駐車場の地下1階は、昔のアメ横のような、雑居市場になっています。面白そうなので、トイレ休憩も兼ねてエスカレータを降りてみます。

そこには、携帯電話、SIMカード、電化製品、衣服、アクセサリー、乾物、土産、菓子などを売る小さな屋台がショーケースを並べ、そのまわりには大衆食堂が所狭しと軒を連ねています。庶民のすさまじいほどのエネルギーが、地下のマグマのように渦巻いている地下広場。そのすぐそばには、できたばかりの高速鉄道の珠海駅があります。昨年行った大連駅前、深圳駅前にも同じような市場があり、地上の瀟洒だが閑散としたビル群とは対照的な、汗臭くて生暖かい空気がうごめいていました。その空気に気押されて、危うく女子トイレに行きそうになり、掃除のおばさんにきつく注意されましたが、何とか用を足すことができました。

まもなく、外国語学院のW先生たちとおちあい、車で5分ほどの真新しいショッピング・モールの中の広東料理のレストランへ。おしゃれな店構え、まるでサンフランシスコにいるような雰囲気です。テラスには、自転車が飾られ、すぐ近くには外資系五つ星のデラックスホテルがオープンしています。今さっき見てきた地下１階の世界と、アスファルトの皮膜一枚を隔てたこの地上の世界は、こんなにもたたずまいが異なっているのです。なんだか不思議な気分で、カフェやレストランの脇のきれいに掃除された路地を歩いてみると、目立たない奥に設置されたトイレも、東京の銀座のトイレよりもピカピカに磨かれているではありませんか。

——先生、昨年深圳の GDP は香港を抜きましたよ。

——へーっ。そうなんだ。すごいね。

広東料理のスープを味わいながら、もっぱら珠海や深圳の発展ぶりに話題が盛り上がります。

翌日、広州に向かい、その翌日深圳を経由して香港に出ましたが、香港の街並みは心なしかゆったりして、心地よいものでした。

（2018. 5）

楽山の花火、成都の碩学

——私の出身は、四川省です。

——四川のどのあたり？

——楽山です。先生は、たぶんご存じないと思いますが。

——いやいや、知っていますよ。30 年ほど前に、家族で行った事がありますから。

――ええっ、本当ですか？

6月の中旬。我が家からさほど遠くない（自転車でも行けるほどの）距離にある、杏林大学井の頭キャンパスで、特別講義をしました。受講者は、大学院生13名、全員が中国からの留学生です。かつて北京日本学研究センターで私の授業を受けてくださったM先生の案内で15分ほど早く教室に入ると、学生諸君はもう集まっていて、中には昼食のサンドイッチをほおばっている人もちらほら。始業時間には少し間があるので、全員に簡単な自己紹介をしてもらうことにしました。

もちろん、皆さん初対面で緊張気味ですが、出身地や故郷について私が少しコメントすると、俄然旧知の間柄であるかのような親しい気分になります。今しも「楽山」と聞いて、かの世界遺産の大仏の姿はもちろんですが、30数年前のことが鮮やかによみがえってきました。

＊

1987年の2月。旧暦の年末に、家族5人で北京を出発して、夜行列車で西安に向かい、数日滞在した後、また寝台車に揺られて成都にやって来ました。西安では、人民大廈に泊まり、成都では錦江賓館に泊まるのですが、「単位（タンウェイ）（勤務先）」の紹介状が必要です。その頃は、まだ自由に旅行をするのは困難で、紹介状がないと汽車の切符も買えませんでした。

この錦江賓館は、米国の領事館もある、広大な庭をもつ国際ホテルですが、その頃はまだ観光客慣れをしていません。支払いの際に、人民元が足りなくなり、ふと見ると支払い窓口の脇にいくつかのクレジットカードの写真があったので、カードを差し出すと、

——不行（プーシン）（ダメ）、不行。あっちの銀行に行って、お金を引き出して来て。

言われた通り、向かいの銀行窓口に行くと、

——不行、不行。色が違うよ。

——はあ？色が違うって、どういうこと？

——あんたのは、金色だけど、写真のように銀色じゃないと不行です。

しかたがないので、もう 1 枚、別のカード会社の銀色のカードを出すと、

——先に、これを出してよ。はい、200 元。10 元が 20 枚あるから、ちゃんと数えてね。

何しろ、普通の大学の先生の月給が 3、40 元くらいの頃。200 元は大金です。もちろん百元札などありません。それでも何とか支払いを済ませることができました。

翌日、ホテルに荷物を置いて、まずは楽山の大仏見学に出かける事にします。当時は、言うまでもなく外国人の為の日帰り旅行などなく、楽山のホテルに 1 泊、帰りに三蘇祠（宋代の文人、蘇東坡の生地、彼と父、弟の 3 人を祭った記念堂）をたず

ねて帰途につく小旅行です。現地の旅行社に頼み、香港からの十数人の旅行団に混ぜてもらい、小型バスでにぎやかに出発しました。

予定では、楽山のホテルの前から遊覧船に乗り、船上から大仏を真正面に眺める事になっていたのですが、現地に着いてみると、何と川岸には船が一艘も見えません。困った現地ガイドが、汗をかきかき、ホテルのフロントやら近所の舟宿に掛け合うのですが、埒(らち)があきません。何故かというと、除夕（大晦日）なので、船頭さんはこぞって家に帰り、年越しの支度をしているのです。何と言っても、仕事より一家団らんが第一。

しかたがないので、ホテルのまわりの小さな路地をぶらぶらし、夕食を済ませて、早めに寝ることにしました。明日も、小型バスでの強行軍です。窓の向こうは、川岸が広がり、月明かりもなく、真っ暗。薄いカーテンが一枚、ひらひらはためいているだけ。子供たちから、順番にシャワーを浴びて、ようやく寝息を立て始めたその時、

——お父さん、お母さん、起きて、起きて。

娘たちのただならぬ声に、ベッドから飛び起きます。

——ほら、窓の外を見て、見て。真っ赤だよ。

寝入りばなの目をこすりながら、指さす方を見ると、遠くの方が火事のように燃えています。

——おい、おい。これは大変だよ。

取るものも取りあえず、フロントに行くと、係の女性はゲラ

ゲラ笑って、

──あれは、年越しの花火。きれいでしょ。

あわてて部屋にもどり、こんどは子供たちの手を引いて、ホテルの門から出ると、路地裏にはあふれんばかりの人、人、人。みんな、対岸の花火を眺めています。私たちも、真冬の寒さを忘れて、ずいぶんと遠くの川花火に見入ります。水面に映る花火の光りは、まばゆく輝いて、息をのむほどきれいでした。

＊

翌日、成都にもどり、さっそく四川大学のお二人の先生を訪ねます。今回の成都訪問の目玉です。これは、冒頭で紹介したM先生が、四川大学の所属で、ちょうど帰郷されていたので、自ら案内役を買って出てくれたのです。まずは、『文心雕竜』研究の泰斗、楊明照[1]先生。先生のお宅は、大学宿舎の 4 階にあり、子供たちも一緒にワイワイ上っていきます。ドアをたたくと、仙人のような白髯をたくわえた先生が、ニコニコと出迎え。応接室に通されると、大小様々なトロフィーが所狭しと並んでいます。

──このトロフィーは、先生のですか？

──わっはっはっ。これは、娘のもらったやつ。

1　楊明照（1909 ～ 2003）、四川大足の人。四川大学中文系教授。『文心雕竜校注』、『文心雕竜校注拾遺』などで著名。

何と先生のお嬢さんは、卓球の世界チャンピオンだとか。

――先生は、やはりスポーツをされるのですか？

――わしは、今でも、毎日5キロは走っていますわ。もと、バスケットボールの選手でしたがね。

――今、おいくつでしたっけ？

――77歳。まだまだ、若い者には負けんよ。

その後、フルーツをいただきながら、燕京大学の郭紹虞（かくしょうぐ）先生に師事されていた大学院生時代の研究の思い出をいろいろとうかがいました。

次は、唐代の杜牧研究や文史にわたる浩瀚な研究で知られる繆鉞（ぼくえつ）[1]先生。先生のお宅は、少し離れた宿舎の2階にあり、玄関のドアをたたくと、やはりすでに82歳になられ、目が少し不自由になられた先生がやさしいまなざしで出迎えて下さいました。ご家族の温かいもてなしをいただき、和やかな雰囲気でしばし談笑。すると、先生がやおら立ち上がって、ゆっくりと書架の方へ。一冊の本を引っ張り出すと、今度は仕事机の籐椅子に腰を下ろし、机上の硯を引き寄せ、ていねいに墨をすり始めました。

墨のいい香りがあたりに漂い始めると、息子の方に向かって手招きし、

――ぼく、今何歳かな？

1　繆鉞（1904～1995）、江蘇溧陽の人。四川大学歴史系教授。『詩詞散論』、『杜牧伝』、『杜牧詩選』等がある。『繆鉞全集』全八巻。

——はい、10歳です。

——そうか、これからわしが書くところを、よく見ておくんだよ。

そう言って、使い込まれた写巻の筆を執ると、「松岡榮志先生諟正繆鉞敬贈一九八七年二月」と端正な文字で見返しに揮毫して下さった。2年前に刊行された『氷繭庵叢稿』、先生の哲学、史学、文学にわたる33篇の論文を収録した名著です。

＊

西安、成都、鄭州、開封への長旅を終えて北京に戻ると、さっそく旅の報告も兼ねて、北京大学のY先生のお宅へお邪魔しました。元宵節の飾りが、寒風にパタパタとはためいて、塀の脇のカチカチに凍った路を歩いていきます。お昼は、北京名物ジャージャー麺。生のニンニクをかじりながら、旅の土産話に花が咲きます。話が、四川大学の繆鉞先生の所まで来ると、Y先生ふいに真顔になって、

——ところで、先生に揮毫していただきましたか？

——ええ、御著書をいただきました。

——それは、何よりです。先生の書は、とても有名で、貴重ですよ。

いただいた本は、我が家の書斎の書架にそっと挿してあります。これを開くたびに、先生の息子を見つめておられた眼差し

と、先生が幼少の頃、外祖父の鄒先生に教えを受けておられた場面が、まぶたの奥に静かに浮かんできます。

(2018. 7)

初出出典　一覧

第一章　　本書のための書き下ろし

第二章　『凱風』第２－４号、凱風社、1982 年～ 1983 年

第三章　『北京の街角で』、樹花舍、1994 年

第四章　『歴史書の文体』、樹花舍、1996 年

第五章　『中国紀行ＣＫＲＭ』第１－12 号、アジア太平洋観光社、2015 年～ 2018 年

あとがき

昨年の秋、北京の外文出版社の社員食堂で、編集担当の皆さんと昼食をとりながらのおしゃべり。

——松岡老師、最初に中国に来られたのは、何時でしたっけ？

——1978年。毛主席の生家にも行きましたよ。

——へえー。私たちは、行った事がありませんが。

——そうだ、すると来年は、ちょうど40周年ですね。先生の見た中国の40年を書いてみませんか？

——そうですね。……考えてみます。

こんな偶然の会話から、この本は生まれることになりました。私の見た現代中国の40年。すこぶる興味深いのですが、考えてみればなかなか難しいテーマ。もちろん私の見たものは、そして触れたものは、現代中国の生活のごくごく一部にすぎません。そこで、果たして出版の意義があるのかどうか、何人かの中国の友人たちにたずねてみました。すると、意外なことに誰もが皆、少なからず興味をもって、励ましてくれました。

——松岡老師、私たちだって、その頃の事はあまり覚えていませんよ。

——きっと、その頃の写真を見たら、なつかしいでしょうね。

——写真やスケッチもいいですね。汽車の切符や入場券も。

そこでさっそく、古い原稿や写真、切符、絵はがきなど、あれこれ机の引き出しや押し入れの奥から引っ張り出し、時代順にならべてみました。もちろん、最近の旅行記も付け加えて。それを、中国語版は劉娟さんにまとめをお願いし、私の友人や受業生、また劉さんの友人の何人かに声をかけ、手分けして中国語に翻訳していただきました。

日本語版の方は、何分にも年数が経っているので、いずれも電子データがありません。そこで、山口千佳さんに一つ一つ入力していただきました。「まえがき」でも触れましたが、文体についてはできるだけ統一を図りましたが、当時の雰囲気や息づかいを残すために、そのままにした部分が少しあります。

刊行に当たって、外文出版社の胡開敏副編集長、中国語版担当の曹暁娟副編審、日本語版を担当して下さった編集の李明慧さんに深く感謝申し上げます。最後に、中国各地を一緒に旅してくれた皆さん、とくに家族の一人一人、中でもいつも寄り添ってくれた荊妻に、心からの感謝の思いをささげたいと思います。

東京西郊の掬滴廬にて

2018 年 8 月 2 日

图书在版编目（CIP）数据

我与中国 40 年：日文 /（日）松冈荣志著 .
－－北京：外文出版社，2018.11
ISBN 978-7-119-11758-4

Ⅰ．①我… Ⅱ．①松… Ⅲ．①随笔－作品集
－日本－现代－日文 Ⅳ．① I313.65

中国版本图书馆 CIP 数据核字（2018）第 260903 号

出版指导：胡开敏
责任编辑：曹晓娟
日文审校：李明慧　黄倩榕
封面设计：北京维诺传媒文化有限公司
印刷监制：章云天

我与中国 40 年
（日）松冈荣志著

出 版 人：徐　步
出版发行：
　　外文出版社有限责任公司（北京市西城区百万庄大街 24 号　100037）
　　http://www.flp.com.cn
　　电话：008610-68320579（总编室）
　　　　　008610-68996064（编辑部）
　　　　　008610-68995852（发行部）
制版：北京杰瑞腾达科技发展有限公司
印刷：万卷书坊印刷（天津）有限公司
开本：787mm × 1092mm　16 开　　印张：15
2019 年 3 月 第 1 版第 1 次印刷
（日）
ISBN 978-7-119-11758-4
（平）
06800
